Dieses Buch wurde auf chlor- und säurefreiem Papier gedruckt.

Originalausgabe September 1996
© 1996 Droemersche Verlagsanstalt Th. Knaur Nachf., München
Das Werk einschließlich aller seiner Teile ist urheberrechtlich geschützt.
Jede Verwertung außerhalb der engen Grenzen des Urheberrechts-
gesetzes ist ohne Zustimmung des Verlages unzulässig und strafbar.
Das gilt insbesondere für Vervielfältigungen, Übersetzungen,
Mikroverfilmungen und die Einspeicherung und Verarbeitung
in elektronischen Systemen.
Umschlagillustration: Dietmar Grosse, München
Satz: IBV Satz- und Datentechnik GmbH, Berlin
Reproduktion: Repro Knopp, Inning/Ammersee
Druck und Bindung: Ebner Ulm
Printed in Germany
ISBN 3-426-73044-8

5 4 3 2 1

E. Gambsch (Hrsg.)
Die 300 besten Lehrer-Witze

Mit Illustrationen von Dietmar Grosse

Vom E. Gambsch sind außerdem erschienen:

Die 300 besten Party-Witze (Band 2648)
Die 300 besten Pfarrer-Witze (Band 2649)
Die 300 besten Tier-Witze (Band 2650)
Die 300 besten Erotik-Witze (Band 2651)
Die 300 besten Touristen-Witze (Band 2652)
Die 300 besten Familien-Witze (Band 2653)
Die 300 besten Ärzte-Witze (Band 2768)
Die 300 besten Beamten-Witze (Band 2770)
Die 300 besten Ehe-Witze (Band 2772)
Die 300 besten Sex-Witze (Band 2773)
Die 300 besten Soldaten-Witze (Band 2797)
Die 300 besten Horror-Witze (Band 2781)
Die 300 besten Büro-Witze (Band 2782)
Die 300 besten Juristen-Witze (Band 2784)
Die 300 besten Graf-Bobby-Witze (Band 2785)
Die 300 besten Schüler-Witze (Band 2796)
Die 300 besten Sportler-Witze (Band 2798)
Die 200 besten Dino-Witze (Band 73023)
Die 300 besten Politiker-Witze (Band 73040)
Die 300 besten Schlafzimmer-Witze (Band 73041)
Die 300 besten Berliner-Witze (Band 73043)
Die 300 besten Professoren-Witze (Band 73042)
Die 300 besten Fußballer-Witze (Band 73045)
Die 200 besten Olympia-Witze (Band 73052)

Inhalt

»Am Vormittag haben sie immer recht und
am Nachmittag immer frei!«
oder
Der Lehrer: an sich, überhaupt und im besonderen   7

»Das haben wir gern, erst machen Sie uns
scharf und dann sind Sie müde!«
oder
Wer nicht fühlen will, muß in Sexualkunde
gut zuhören   23

»Sicherlich können Sie Eier legen, ich aber nicht!«
oder
Jede Schulminute hat 30 Schrecksekunden   35

»Sie sollen nicht ehebrechen, Herr Schulrat!«
oder
Gebrannte Lehrer scheuen das Feuer   51

»Wer Alkohol trinkt, bekommt keine Würmer!«
oder
Wer nichts lernt, kann auch nichts vergessen . . .   61

»Als Eva den Apfel gegessen hatte,
stand Adam bei ihr Schlange!«
oder
Im Religionsunterricht steckt der Teufel im Detail .   71

»Aber Herr Lehrer, müssen wir schon wieder
über den blöden Beischlaf reden?«
oder
Die Pflege der zwischenmenschlichen Beziehungen   81

»Es könnte ja der Herr Direktor im Sarg liegen!«
oder
Der Direx ist auch nur ein Mensch –
aber was für einer 93

»Ein Glück, daß es Lehrer gibt, sonst
wären wir immer die Dümmsten!«
oder
Lieber faulenzen als gar nichts tun 103

»Am Vormittag haben sie immer recht und am Nachmittag immer frei!«

oder

Der Lehrer: an sich, überhaupt und im besonderen

Fragt die Mutter zu der Zeit, als dies noch möglich war:
»Hast du heute wieder Prügel bekommen?«
»Ja, aber von dem netten Herrn Seidenspinner. Und bei dem tut es überhaupt nicht weh.«
»Und du hast geweint?«
»Selbstverständlich. Ich wollte doch dem alten Mann einen Gefallen tun.«

Der Kultusminister wollte wissen:

»Was ist der Unterschied zwischen Schüler und Lehrer?«
Antwortete der Staatssekretär:
»Der Schüler ist das unbekannte Wesen. Der Lehrer ist das bekannte Unwesen.«

»Dein Referat war unter jeder Kritik«, sagt der Oberlehrer.
»Stimmt«, erwidert der Schüler, »mein Vortrag war nicht so schön wie der von Ihnen, aber mir haben alle Schüler wenigstens geistig folgen können.«

*

Die Klasse macht einen Ausflug. Auf einem Feldweg weiß der Lehrer plötzlich nicht mehr weiter. Neben einer Wiese, auf der die Kühe grasen, entdeckt er einen Wegweiser. Der Lehrer geht über die Wiese, um sich den Wegweiser anzusehen.
In diesem Augenblick kommt ein Bauer vorbei und fragt die Kinder: »Wo ist den euer Lehrer?«
Hans zeigt auf die Wiese und sagt: »Da, bei den Rindviechern. Der mit dem Hut ist unser Lehrer.«

Der Lehrer ist verzweifelt und sagt: »Gut hören kann ich schlecht, aber schlecht sehen kann ich gut.«

*

»Warum habe ich dich jetzt wohl einen kleinen Dummkopf genannt?«
»Weil ich nicht so groß bin wie Sie, Herr Lehrer.«

> *Der Sportlehrer verkündete:*
>
> »Jetzt ist Tauchen angesagt. Und wer nach zehn Minuten nicht wieder an der Wasseroberfläche ist, bekommt eine Sechs!«

Voller Verzweiflung sagt der Lehrer: »Erst gestern habe ich euch klargemacht, daß zwei Hälften immer gleich sind. Aber das hat natürlich bis heute die größere Hälfte von euch nicht begriffen!«

*

Wie so vielen anderen Lehrern haben auch ihm die Schüler einen Spitznamen gegeben. Er wird »Faß« genannt.
Als er das Klassenzimmer betritt und er aus dem Gemurmel ganz eindeutig das Wort »Faß« heraushört, setzt er sich gelassen hinter das Pult und erteilt seiner Klasse eine Lektion.
»Ich weiß nicht«, sagt er, ganz die Liebenswürdigkeit selbst, »wie ich zu diesem Spitznamen komme, denn zwischen einem Faß und mir ist ein grundlegender Unterschied: Ein Faß ist von Reifen umgeben, ich aber von Unreifen!«

Stöhnt der Schüler: »Es gibt Lehrer, mit denen man rechnen muß. Aber es gibt auch Lehrer, auf die man zählen kann!«

*

»Unser Biologielehrer ist sehr tierliebend.«
»Wieso?«
»Er veranstaltet alle drei Tage ein Affentheater, brüllt täglich wie ein Ochse, und wen er nicht zur Sau macht, den macht er zur Schnecke.«

*

»Was«, brüllt der Lehrer, »das soll ein Kreis sein? Da fehlt es ja an allen Ecken und Enden!«

Es fragte der Klassentrottel:

»Was ist der Unterschied zwischen einem Lehrer und einer Kaffeemaschine? – Die Kaffeemaschine kann man entkalken!«

Heulend kommt Anneliese aus der Schule: »Unser Lehrer, der so lange krank war...«
»...ist wohl gestorben?« sagt die Mutter.
»Nein, ist wieder gesund geworden!«

*

Der Lehrer fragt die Klasse: »Welche Muskeln treten in Kraft, wenn ich boxe?«
»Meine Lachmuskeln!«

»Was ist ein Licht?«
»Etwas, was man sehen kann, Herr Lehrer.«
»Unsinn! Mich kannst du doch auch sehen, und ich bin doch weiß Gott kein Licht!«

*

»Ich will Lehrer werden.«
»Warum?«
»Die haben so ein tolles Leben.«
»Wieso?«
»Am Vormittag haben sie immer recht und am Nachmittag immer frei.«

Strafend sagte der Lehrer:

»Brendel, was schneiden Sie denn für ein blödes Gesicht? Sie scheinen mich wohl nachahmen zu wollen?«

Fragt die Mutter ihren Sohn: »Warum nennt ihr euren Lehrer eigentlich ›Blinddarm‹?«
»Weil er ständig gereizt und außerdem höchst überflüssig ist.«

*

Ein junger Lehrer trifft einen älteren Kollegen, der seit zwei Jahren in Pension ist.
»Sie sehen aber nicht besonders gut aus«, stellt der Jüngere fest.
»Das ist doch gar kein Wunder«, brummt der Pensionär, »wo ich doch jetzt keine Ferien mehr habe.«

Schlägerei im Dorfgasthof. Am schlimmsten führt sich dabei ein junger Mann mit Bart auf.
»Wer ist denn das?« fragt ein Urlauber.
»Das ist der neue Lehrer. Der will sich bei uns nur einschmeicheln«, antwortet ein Einheimischer.

*

»Vati«, fragt ein Junge, »wann ist Mick Jagger geboren?«
»Keine Ahnung.«
»In welchem Jahr ist Rudi Carrell zum erstenmal im Fernsehen aufgetreten?«
»Keine Ahnung.«
»Wie oft wurde schon ›Raumschiff Enterprise‹ wiederholt?«
»Keine Ahnung.«
»Keine Ahnung, keine Ahnung, keine Ahnung... Und du willst Geschichtslehrer sein, Vati?«

Zu seinen Schülern sagte der Turnlehrer:

»Stellt euch in eine Reihe, alphabetisch, der Größe nach!«

Mündliche Abiturprüfung. Der Lehrer fällt einem Oberprimaner, der zwar seinen Stoff beherrscht, sich aber nicht elegant ausdrücken kann, ständig in die Rede. Der Schüler, der seine Beschlagenheit unter Beweis stellen will, versucht, den Faden seiner Ausführungen immer wieder aufzunehmen.
Das paßt dem Lehrer nicht, und er fährt den Primaner an: »Reden Sie nicht dauernd, während ich Sie unterbreche!«

In der Schule wird ein Theaterstück aufgeführt. Neben Schülern wirken auch einige Lehrer als Darsteller mit. In der Lokalzeitung steht am nächsten Tag:
Wie der Lehrer Meißlinger den Gentleman gespielt hat, war faszinierend. Er war einfach nicht wiederzuerkennen.

*

»Weißt du, Moritz, warum mein Gesicht rot wird, wenn ich mich auf den Kopf stelle?«
»Ja, Herr Lehrer, weil dann das Blut in einen leeren Raum fließt!«

> *Es schimpfte der Lehrer:*
>
> »Du solltest dich schämen! In deinem Alter habe ich noch nicht gelogen.«
> »Wann haben Sie denn damit angefangen, Herr Lehrer?«

Der Mathematiklehrer fragt: »Wieso kann ich behaupten, daß diese drei Punkte alle auf einer Geraden liegen?«
Meint Traudel: »Ganz einfach – weil Sie der Mathelehrer sind!«

*

Der Lehrer ruft einen Schüler auf, der nichts weiß, und sein Nebenmann sagt ganz leise: »Der Lehrer ist ein Rindvieh!«
Ruft der Lehrer: »Laß das Einsagen! Der Franz wird schon ganz allein darauf kommen.«

Der Mathematiklehrer rauft sich wieder einmal die Haare über die nicht vorhandenen Rechenkünste von Franz und sagt: »Es tut mir leid, aber einer von uns beiden ist ein totaler Vollidiot!«
Am nächsten Morgen bekommt der Lehrer von Franz einen Umschlag überreicht.
»Was ist denn da drin?« fragt der Lehrer verblüfft.
»Ein Attest vom Arzt, daß ich völlig normal bin.«

Es beschwerte sich die Schülerin:

»Ich bin mit Ihnen auch nicht zufrieden, Herr Lehrer, aber habe ich mich deshalb jemals bei Ihren Eltern beklagt?«

Fragt der Erstkläßler: »Herr Lehrer, was sind eigentlich Idioten? Sind das Tiere?«
»Aber nein, das sind Menschen wie du und ich.«

*

Sagt der Lehrer zu seinen Schülern: »Ihr müßt euren Feinden immer fest in die Augen schauen!«
Nach einer kleinen Pause fragt er: »Peter, warum starrst du mich eigentlich so an?«

*

»Kammerer, warum haben Sie soeben vor sich hingelacht?«
»Ich habe an etwas gedacht, Herr Lehrer.«
»So? Dann schreiben Sie es sich mal hinter die Ohren, daß in der Schule nicht gedacht wird!«

»Der Lehrer hat gestern auf dem Schützenfest ein Ferkel gewonnen«, erzählt einer in der Klasse.
Knurrt einer der Mitschüler: »Das sieht ihm ähnlich.«
Ein Bauernsohn überlegt kurz und sagt: »Nein, das finde ich eigentlich nicht.«

Es stöhnte der Lehrer:

»Jetzt müßte dein Vater hiersein, damit er sieht, wie du dich aufführst, wenn er nicht da ist!«

An der Straße, die an der Schule vorbeiführt, stand folgendes Schild:
Vorsicht – Schule! Überfahren Sie die Kinder nicht!
Darunter stand in ungelenker Schrift gekritzelt:
Warten Sie, bis ein Lehrer kommt!

*

Der Lehrer fragt: »Wie nennt man einen Menschen, der Fragen stellt, die niemand beantworten kann?«
»Einen Lehrer, Herr Lehrer!«

*

Am Sonntag geht der Herr Lehrer mit seiner Frau spazieren. Dabei treffen sie hin und wieder Schüler, die höflich grüßen und schnell weitergehen. Und jedesmal sagt der Lehrer: »Danke, gleichfalls!«
»Warum sagst du das eigentlich?« fragt seine Frau, »wo sie doch nie stehenbleiben, um mit dir zu reden?«
»Ich weiß schon, was sie denken!«

Erster Lehrer: »Nein, die heutige Jugend! Kein echtes Interesse mehr am Unterricht. Dauernd schaut einer auf die Uhr.«
Kollege: »Sie dürfen nicht so empfindlich sein! Mich stört es erst, wenn ein Schüler die Uhr ans Ohr hält, um festzustellen, ob sie überhaupt noch geht.«

*

Sagt der Lehrer: »Wer sich von euch selbst für dumm hält, stehe bitte auf!«
Die gesamte Klasse bleibt sitzen. Schließlich steht Vanessa doch noch auf und sagt grinsend: »Ich kann Sie doch unmöglich allein stehenlassen, Herr Lehrer!«

*

»Nun, Frau Koller, was will denn Ihr Junge eigentlich einmal werden?« fragt die Nachbarin.
»Lehrer.«
»Ist er denn dafür besonders begabt?«
»Das kann ich auch nicht sagen, aber er hat so große Freude an den vielen Ferien.«

*

Der alte Lehrer ist verschieden. Die Gemeinde spendiert einen Grabstein, auf dem geschrieben steht:
Hier ruhen ein Herz und zwei Hände, die für immer aufgehört haben zu schlagen.

*

»Karlheinz, wann sind die Tage am längsten?«
»Am Ende des Monats, Herr Lehrer!«
»So, so, bei euch also auch?«

»Für so ein Zeugnis müßte es Prügel geben«, sagt der Vater.
»Kein Problem«, meint der Sohn, »ich weiß, wo der Lehrer wohnt.«

Es sagte der Erdkundelehrer:

»Die Inseln des Mittelmeers sind alle größer oder kleiner als Sizilien.«

Die Klasse ist zusammen mit ihrem Lehrer fotografiert worden. Der Lehrer ermuntert die Schüler, sich Abzüge zu bestellen: »Stellt euch vor, wie nett es ist, wenn ihr in zwanzig Jahren das Bild wieder betrachtet und dann sagen könnt: der Fritz ist jetzt Ingenieur, der Otto ist Computerfachmann, der Erich ist Richter und der...«
»Und das war unser Lehrer, der schon lange tot ist!« ertönt von der letzten Reihe eine nicht gerade traurige Stimme.

*

Mit größter Hingabe säubert Tobias während des Unterrichts seine Nase.
»Aber Tobias«, tadelt der Lehrer, »man bohrt doch nicht mit dem Zeigefinger in der Nase!«
»Mit welchem bohren denn Sie, Herr Lehrer?«

*

Sagt der Lehrer: »Nennt mir bitte einen Satz.«
»Es gibt immer weniger Schüler.«
»Das ist kein Satz, sondern eine Katastrophe!«

»Mutti, bekommen Lehrer eigentlich auch Geld?«
»Aber ja! Warum fragst du?«
»Na, weil doch in der Schule die ganze Arbeit von uns Kindern gemacht wird!«

Der Lehrer wies den Schüler zurecht:

»Deine albernen Bemerkungen sind ganz und gar überflüssig. Wenn jemand befugt ist, irgendwelche zu machen, so bin nur ich es!«

Den Lehrer hat es viel Mühe gekostet, dem Jungen im Laufe der Jahre das Nötigste im Rechnen, Lesen und Schreiben beizubringen. Als der Junge die Schule verläßt, sagt der Lehrer zu ihm: »Ja, ja, Max, wenn ich nicht wäre, wärst du das größte Rindvieh auf Gottes weiter Erde!«

*

Bemreiner, ein begeisterter Jäger, kommt abends nach Hause und sagte zu seinem Sohn: »Du, ich habe vorhin zufällig deinen Mathelehrer getroffen...«
»Ausgezeichnet«, freut sich Maximilian, »den konnte ich sowieso nicht leiden!«

*

Der neue Klassenlehrer stellt sich vor: »Damit ihr Bescheid wißt, mein Name ist Stein, und ich bin hart wie Stein!« Danach wendet er sich an die Schüler: »Nun stellt euch vor. Wie heißt du?«
»Steinbrecher, Herr Lehrer!«

Tadelt der Lehrer: »Du bist mir aber ein Dummkopf! Als ich so alt war wie du, konnte ich das große Einmaleins auswendig, und zwar vor- und rückwärts!«
Verteidigt sich der Schüler: »Schön für Sie, aber Sie hatten sicherlich auch einen guten Lehrer!«

*

Kurt muß eine gewaltige Strafpredigt wegen seines schlechten Zeugnisses über sich ergehen lassen.
»Und wer ist der Faulste in der Klasse?« fragt abschließend der Vater.
»Keine Ahnung«, sagt Kurt.
»Sicher ist doch einer in euerer Klasse, der den anderen zusieht, wie sie fleißig sind, und der selbst nichts tut! Na?«
Lächelnd sagt Kurt: »Das ist der Lehrer, Vati!«

»Das haben wir gern,
erst machen Sie uns scharf
und dann sind Sie müde!«

oder

Wer nicht fühlen will, muß in
Sexualkunde gut zuhören

In der letzten Sexualkundestunde vor den Ferien werden die Schülerinnen über die Gefahren der Liebe aufgeklärt. Die Lehrerin warnt die jungen Damen besonders vor dem intimen Umgang mit Männern.
»Hat noch jemand eine Frage?« meint die Lehrerin zum Schluß.
Meldet sich eine junge Dame: »Was trägt man eigentlich bei einer solchen Gelegenheit?«

*

Die junge und hübsche Lehrerin beugt sich im Sexualkundeunterricht über das Heft des kleinen Jochen, um zu sehen, was er geschrieben hat. Jochen ist fasziniert von dem, was sich im Ausschnitt zeigt.
»Jochen, du kriegst gleich eine!« weist ihn die Lehrerin zurecht.
»Kann ich denn nicht gleich beide haben?«

*

Im Sexualunterricht spricht der Lehrer über die Menschwerdung und sagt: »Die Natur hat den Körper der Frau so sinnvoll eingerichtet, daß alles bereit ist, den kleinen Gast aufzunehmen.«
Stimme aus der letzten Bank: »Kleiner Gast ist wirklich gut!«

*

Der kleine Dennis hatte seine erste Sexualkundestunde. Zu Hause fragte ihn seine Mutter: »Was hat man euch denn erzählt?«
»Zuerst sagte uns der Religionslehrer, warum wir es nicht tun sollen. Dann sagte uns der Biologielehrer, wie wir es nicht tun sollen. Und zuletzt sagte uns der Direktor noch, wo wir es nicht tun sollen.«

»Jürgen«, sagt die Lehrerin während des Sexualunterrichts, »du warst heute so ungezogen, daß ich dich nach dem Unterricht noch eine Stunde hierbehalten muß.«
»Meinetwegen, Fräulein«, meint Jürgen, »mir kann es ja egal sein, was die Leute über uns reden.«

Es sagte die Lehrerin zum Vater:

»Ihr Fummeln ist zwar angenehm, nützt aber nichts, denn dafür kann ich Ihrem Sohn in Sexualkunde keine Eins geben!«

Und dann war da noch der kleine Junge, der in Sexualkunde eine schlechte Note bekam und deswegen seiner Lehrerin mal richtig in die Eier treten will...

*

»Wer von euch weiß denn schon, wie man Kinder bekommt?« fragt die Sexualkundelehrerin.
»Das ist doch nicht das Problem«, sagt eine Schülerin. »Erklären Sie uns lieber, wie man keine bekommt.«

*

In der ersten Sexualkundestunde meldet sich Ramona:
»Darf ich bitte zwei Fragen stellen?«
»Natürlich.«
»Was heißt a priori?«
»Von vornherein. Und die zweite Frage?«
»Das hat sich erledigt. Jetzt kann ich mir schon denken, was apropos heißt.«

Aufklärungsunterricht in der Schule. Der Lehrer fragt Michael: »Was ist notwendig, um Sex zu haben?«
»Eine Frau und ein Mann.«
»Ausgezeichnet!«
»Oder Frau und Frau.«
»Aber das ist nicht normal.«
»Oder ein Mann und noch ein Mann.«
»Das ist auch nicht normal, und damit haben wir wohl alle Möglichkeiten erörtert und können fortfahren.«
»Nein, Herr Lehrer, denn es gibt noch eine Möglichkeit: ich und ich!«

*

Im Sexualkundeunterricht fragt die Lehrerin: »Kann mir jemand sagen, ob man sexuelle Erregung hören kann?«
»Natürlich, Fräulein«, meldet sich der Fritz. »Das nennt man Stoßseufzer!«

*

»Ihr Sohn spielt während des Sexualkundeunterrichts dauernd mit seinem Organ«, sagt die Lehrerin.
»Na und? Dann nehmen Sie es ihm doch einfach weg!«

*

»Was, im zweiten Schuljahr habt ihr schon Sexualunterricht?« empört sich der Vater.
»Ja, aber nur theoretischen, praktischen haben wir erst im nächsten Schuljahr.«
Beim nächsten Elternabend verspricht der Vater dem Lehrer: »Mein Sohn macht diesen praktischen Unterricht im nächsten Schuljahr nicht mit!«
»Ich kann Sie beruhigen«, sagt der Lehrer, »Ihr Sohn wird tatsächlich nicht dabei sein, denn wer ficken mit zwei g schreibt, wird bestimmt nicht versetzt.«

Beim Elternabend werden die Eltern gefragt: »Und was halten Sie von der Sexualerziehung, meine Damen und Herren?«
»Nichts dagegen«, ist Knispel einverstanden, »aber wehe, Sie geben meinem Jungen zu viele Hausaufgaben auf!«

*

»Wer kann mir sagen, woher die Babys kommen?« fragt der Sexualkundelehrer.
»Vom Klapperstorch«, meint Hans.
»Mein Schwesterchen hat der Osterhase gebracht«, meint Fritz.
»Und du, Franz, was meinst du?« fragt der Lehrer.
»Ja, wissen Sie«, sagt Franz, »wir sind arme Leute, und bei uns macht mein Papa die Kinder selbst.«

Es fragte die Mutter ihre Tochter:

»Marion, wie ist denn eigentlich der Sexualkundeunterricht in der Schule?«
»Stinklangweilig – nichts als Theorie!«

Nach dem Sexualkundeunterricht kommt die kleine Sophie nach Hause und fragt ihre Mutter: »Ist es wahr, daß mich der Storch gebracht hat, wie du immer erzählst?«
»Ja, mein Kind.«
»Die Nachbarskinder auch?«
»Selbstverständlich, aber warum willst du das wissen?«
»Weil ich mich sehr wundere, daß so viele Menschen offensichtlich keinen normalen Geschlechtsverkehr haben.«

Sagt der Lehrer zum Vater: »Ihre Tochter ist am Sexualkundeunterricht überhaupt nicht interessiert. Sie ist mit ihren Gedanken offensichtlich immer irgendwo anders.«
Seufzt der Vater: »Ganz wie ihre Mutter.«

Es sagte der Zwölfjährige:

»Wir sollen Aufklärungsunterricht bekommen. Erst üben wir mit Bienen, danach mit Sabinen.«

Im Sexualkundeunterricht fragt eine Vierzehnjährige: »Kann ich schwanger werden?«
»Ja«, antwortet der Lehrer.
Das wollte auch eine Zwölfjährige wissen.
Der Lehrer betrachtet das Mädchen und sagt dann: »Ich glaube schon, denn du bist sehr gut entwickelt.«
Danach fragt eine Zehnjährige: »Kann ich auch schon ein Kind bekommen?«
Lacht der Lehrer und sagt: »Natürlich nicht!«
Da beugt sich der Junge, der neben dem Mädchen sitzt, ihr entgegen und sagt: »Du brauchst dir also keine Sorgen zu machen!«

*

Der schüchterne, junge Lehrer beginnt die erste Stunde des Sexualkundeunterrichts damit, daß er seinen Schülerinnen zuerst umständlich von der Befruchtung der Pflanzen durch Bienen erzählt und hinzufügt, daß es so ähnlich auch bei den Menschen sei.
»Soweit ist alles klar«, meldet sich Irene, »aber bekommt nun die Blume oder die Biene das Baby?«

»Und nun, Kinder«, sagt der Lehrer, »wollen wir mit dem Sexualkundeunterricht beginnen.«
Meldet sich die zehnjährige Susi: »Herr Lehrer, dürfen die, die schon alles darüber wissen, draußen Seilhüpfen üben?«

*

»Was habt ihr denn heute im Sexualkundeunterricht gelernt?« fragt die Mutter ihre Tochter.
»Die Lehrerin hat erzählt, daß die Babys nicht der Storch bringt. Die werden nämlich geboren. Aber was das für ein Bohrer ist, hat sie uns noch nicht gesagt.«

Wunderte sich der Vierzehnjährige:

»Im Sexualkundeunterricht erzählen sie, daß der Mann die Frau befruchtet. Wie das aber genau gemacht wird, sagt einem niemand. Da muß man sich mit seiner Freundin allein abquälen.«

»Bei uns«, sagt ein Lehrer, »soll jetzt Sexualkunde eingeführt werden.«
»Wie rückständig«, sagt ein Kollege. »Wir haben bereits Kurse für Babypflege.«

*

Am Ende des Sexualkundeunterrichts gähnt die Lehrerin verstohlen und meint dann: »Hat noch jemand eine Frage?«
Sagt Konrad: »Das haben wir aber gern, erst machen Sie uns scharf und dann sind Sie müde!«

Die Lehrerin will es sich in Sexualkunde leicht machen und sagt zu ihren Schülern, sie sollen ihre Mutter fragen, woher die kleinen Kinder kommen.
Theo fragt seine Mutter, doch die will sich um das Thema drücken. Deshalb nimmt sie einen Apfel, gibt ihn Theo und sagt: »Daraus kommen die kleinen Kinder.«
Theo verstaut den Apfel in der Hosentasche und nimmt ihn am nächsten Tag mit in die Schule.
Als die Lehrerin ihn fragt, ob er denn nun wisse, woher die Kinder kommen, langt Theo in die Hosentasche, fummelt ein wenig herum und sagt dabei: »Soll ich ihn herausholen?
Entsetzt schreit die Lehrerin: »Nein, nein! Laß das Ding bloß drin!«

*

Mit weit geöffneter Bluse kommt Fräulein Fichtner nach dem Sexualkundeunterricht aus der Klasse und begegnet im Flur dem Herrn Direktor, der ihr einen strafenden Blick zuwirft.
Stammelt die Lehrerin zur Entschuldigung: »Es ist wirklich schlimm mit den Jungen. Spielen wollen sie alle, aber keiner will hinterher aufräumen.«

*

Die Lehrerin unterbricht den Sexualkundeunterricht und sagt zu Isabella: »Hör endlich auf, bei jeder meiner Ausführungen ›toll! einfach toll!‹ zu brüllen!«

**»Sicherlich können Sie Eier legen,
ich aber nicht!«**

oder

**Jede Schulminute
hat 30 Schrecksekunden**

Die Lehrerin legt ihren Hut auf das Pult und fordert die Schüler auf, einen kleinen Aufsatz darüber zu schreiben. Nach einiger Zeit fragt eine Schülerin: »Fräulein, schreibt man schäbig mit einem oder mit zwei b?«

Es seufzte eine Neunjährige:

»Manche Lehrerin hat eine Meise, weil sie glaubt, ein Star zu sein!«

»Na, wie gefällt dir denn deine neue Lehrerin?«
Antwortet der achtjährige Knirps: »Es geht, Vati. Sie sieht ganz niedlich aus, aber Sex-Appeal hat sie nicht für fünf Pfennig.«

*

Angelika hat die kranke Lehrerin besucht und berichtet der Klasse: »Es gibt keine Hoffnung mehr – morgen kommt sie wieder!«

*

Die Schüler sollen als Hausarbeit einen Vogel malen. Heinz hat es ganz schön gemacht, nur ist sein Bild nicht ganz vollständig.
Kritisiert die Lehrerin: »Dein Vogel hat ja keine Beine und keinen Schwanz?«
Da fängt Heinz an zu schluchzen und erklärt: »Als ich meine Mutter fragte, wo man bei Vögeln die Beine hinmacht, hat sie mir gleich eine geknallt, und da wollte ich sie nicht auch noch nach dem Schwanz fragen.«

»Ihr Sohn ist der lästigste und ungezogenste Kerl in der ganzen Klasse«, klagt die Lehrerin dem geknickten Vater. »Er kostet mich meine letzten Nerven. Und was die Sache noch viel schlimmer macht«, fügt sie seufzend hinzu, »er ist in diesem Jahr noch keinen einzigen Tag dem Unterricht ferngeblieben!«

*

»Na, Fritz, was ist denn ein Wunder?« fragt die junge Lehrerin.
»Meine Mutter sagt, es wäre ein Wunder, wenn Sie unseren neuen Lehrer nicht heiraten würden.«

*

»Günther«, schimpft die Lehrerin, »schämst du dich denn gar nicht, mit so einem schmutzigen Hals in die Schule zu kommen? Was würdest du denn sagen, wenn ich das ebenso machen würde?«
»Ich würde es stillschweigend übersehen.«

*

Es unterrichtet eine Lehrerin, die das b wie p ausspricht. Während des Diktats fragt sie einen Jungen: »Wie weit pist du?«
Stolz antwortet er: »Wenn ich gut drauf bin, über vier Bänke!«

*

»Schau mal«, sagt ein Schüler zum anderen, »da drüben geht meine Lehrerin, bei der mußte ich gestern nachsitzen.«
»Warum denn?«
»Weil ihr Mann sie so vernachlässigt.«

Peter fragt seinen Klassenkameraden: »Glaubst du, daß unsere Lehrerin mal in den Himmel kommt?«
»Wo denkst du hin, dieser Drachen steigt doch nicht höher als höchstens zweihundert Meter!«

*

Eine junge und sehr hübsche Lehrerin muß aushilfsweise in der Unterprima Geschichte unterrichten. Als sie in die Klasse kommt, sitzen die jungen Herren fröhlich feixend auf den Heizkörpern der Fensterseite herum. Die Lehrerin schluckt beklommen, die Heiterkeit der Klasse wird bedrohlich. Da zwingt sie sich zur Ruhe, setzt sich an das Pult und sagt mit sachlicher Stimme: »Wenn die Herren dann trocken sind, nehmen Sie bitte Ihre Plätze ein, damit wir mit dem Unterricht beginnen können!«

Es fragte die Lehrerin:

»Wie heißt die Leideform von ›Ich küsse‹?«
Schülerin: »Ich werde nicht geküßt!«

Mäxchen bringt ein Eichhörnchen mit zur Schule. Dort entwischt ihm das Tierchen. Mit Gejohle stürzen alle hinterher, und da rettet sich das Eichhörnchen mit einem kühnen Sprung unter den Rock der zu Tode erschrockenen Lehrerin. Diese schreit los: »Hilfe! Weg mit dem Tier, Hilfe!«
Tröstet sie Mäxchen: »Nur keine Bange, Fräulein! Wenn es merkt, daß keine Nüsse da sind, kommt es von selbst wieder heraus.«

Toni spricht seine Lehrerin in der Schule ständig mit »du« an. Als alle Ermahnungen nichts helfen, sagt die Lehrerin: »Toni, bis morgen schreibst du fünfzigmal ›Ich soll zu meiner Lehrerin nicht du sagen!‹«
Am nächsten Morgen zeigt Toni stolz sein Heft vor.
»Aber Toni«, sagt die Lehrerin, »du hast es ja hundertmal geschrieben!«
»Ach, Fräulein, das bist du mir wert!«

*

Karlchen sagt zur Lehrerin: »Es hat acht Beine, grüne Augen und einen gelben Rücken – was ist das?«
»Das weiß ich nicht, sag es mir!«
»Ich weiß auch nicht, was es ist, aber es läuft hinten über Ihr Kleid.«

*

»Was wollt ihr einmal werden?« fragt die Lehrerin.
»Wenn ich einmal hübsch werde und eine gute Figur bekomme, werde ich Mannequin. Wenn nicht, werde ich Lehrerin.«

*

»Julia«, sagt die Lehrerin, »steigere das Wort ›hoch‹ in einem Satz.«
»Die Hochzeit ist für höhere Töchter das Höchste.«

*

»Schämst du dich denn nicht, mit solch einem ungewaschenen Gesicht in die Schule zu kommen? Man kann ja noch sehen, daß du heute morgen Marmeladebrote gegessen hast«, tadelt die Lehrerin.
»Das stimmt nicht«, sagt Fritz, »das war gestern.«

Die attraktive junge Lehrerin hat einen engen Pullover an, so daß ihr wohlgeformter Busen voll zur Geltung kommt.
»Gefällt er dir?« fragt sie einen Schüler, der sie eingehend mustert.
»Nicht übel«, antwortet der, »aber sagen Sie, kann ich ihn nicht mal ohne Pullover sehen?«

*

»Stimmt es, daß du mit einer Lehrerin verlobt bist?«
»Nicht mehr, ich habe Schluß gemacht. Immer, wenn ich mal zu spät zu einer Verabredung kam, mußte ich eine schriftliche Entschuldigung meiner Eltern mitbringen.«

*

Die Lehrerin ertappt einen kleinen Jungen dabei, wie er einen gemeinen Kraftausdruck gebraucht und sagt: »Dieses böse Wort solltest du aber nicht benutzen. Wo hast du es überhaupt gehört?«
»Das hat mein Vater gesagt.«
»Du sollst es trotzdem nicht gebrauchen. Außerdem weißt du gar nicht, was es bedeutet.«
»Es bedeutet, daß unser Auto nicht anspringen will.«

*

Die Lehrerin geht mit ihrer Klasse zum Pferderennen. Schon nach kurzer Zeit melden sich einige Jungen: »Wir müssen mal!«
Die Lehrerin geht mit zur Toilette, und da die Jungen für die Becken zu klein sind, muß die Lehrerin sie einzeln hochheben. Plötzlich erstarrt sie und sagt erschrocken: »Du bist aber nicht aus meiner Klasse!«
Grinst der Kleine unverschämt und sagt: »Nein, ich bin ein Jockey!«

Die Lehrerin fragt in einer Mädchenklasse: »Was ist ein Komet?«
Keine der Schülerinnen meldet sich.
»Wie nennt man etwas, das strahlend vom Himmel kommt und einen hübschen langen Schweif hat?«
»Pilot!« schrie die ganze Klasse.

*

Die Lehrerin erklärt den Schülern die Begriffe »abstrakt« und »konkret«.
»Also«, sagt sie, »konkret ist, was man sieht, abstrakt ist, was man nicht sieht. Habt ihr das verstanden?«
»Klar, Fräulein«, ruft der kleine Lothar, »meine Hosen sind konkret und Ihre sind abstrakt.«

*

Die Schulklasse besucht einen Zoo. Leider waren die Affen nicht im Freigehege, und die junge Lehrerin fragt einen Wärter nach dem Grund.
»Die sind drinnen und paaren sich«, sagt der Wärter.
»Aber glauben Sie nicht, daß sie herauskommen, wenn man ihnen ein paar Bananen hinhält?«
»Würden Sie das tun?«

*

Der Verkehrspolizist hebt die Hand, um den Übergang für Fußgänger zu sperren, doch die alte Dame kümmert sich nicht darum und tippelt seelenruhig drauflos.
Der Polizist hält sie an und sagt: »Wissen Sie denn nicht, was es bedeutet, wenn ich die Hand hebe?«
»Selbstverständlich weiß ich das«, sagt die alte Dame lächelnd. »Ich war ja schließlich über vierzig Jahre lang Lehrerin.«

»Wenn ich drei Eier auf den Tisch lege und du legst noch einmal vier dazu – wieviel sind das dann?«
»Entschuldigung, Frau Lehrerin. Sicherlich können Sie Eier legen, ich aber nicht.«

*

»Was hat denn dein Vater gesagt, daß du gestern nachsitzen mußtest?«
»Er fand es nicht schlimm. Er sagt sogar, er habe Sie neulich einmal gesehen und würde auch gern bei Ihnen nachsitzen.«

*

Die Lehrerin kommt in die Klasse und entdeckt zu ihrem Entsetzen eine große Pfütze unter dem Katheder.
»Wer war das?« fragt sie.
Niemand meldet sich.
»Das enttäuscht mich aber sehr«, sagt sie. »Dann machen wir eben alle die Augen zu, und der Täter geht zur Tafel und schreibt eine Entschuldigung daran.«
Alle machen die Augen zu, man hört Schritte, Kreide kratzt über die Tafel, man hört wieder Schritte.
»So, nun machen wir alle die Augen wieder auf«, sagt die Lehrerin.
Auf dem Katheder ist eine zweite Pfütze. Und an der Tafel steht: *Der unheimliche Pisser hat noch einmal zugeschlagen!*

*

Der kleine Junge steht auf und sagt: »Ich muß mal!«
»Hör mal, Peterle, in einem solchen Fall sollst du den Finger hochheben«, sagt die Lehrerin.
»Wieso«, fragt der Kleine erstaunt, »damit geht das auch?«

Sigrid zur Lehrerin: »Letzte Nacht schlafte ich bei Papi.«
»Das ist falsch«, sagt die Lehrerin. »Es heißt: Ich schlief bei Papi.«
»Dann sind Sie aber gekommen, als ich schon eingeschlaft war.«

*

Es ist der erste Schultag des kleinen Fred. Mitten im Unterricht regt sich in ihm ein dringendes Bedürfnis, und er tritt, ohne sich etwas dabei zu denken, an den Abfallkasten neben dem Pult und verrichtet dort sein kleines Geschäft.
»Na, das ist doch wirklich ein starkes Stück!« sagt die Lehrerin.
Der kleine Fred knöpft in aller Ruhe seine Hose zu und sagt: »Wenn Sie das schon für ein starkes Stück halten, dann sollten Sie erst mal das von meinem Vater sehen!«

Es fragte die Lehrerin:

»Was muß ich tun, um aus eins zwei zu machen?«
Antwortet der Abc-Schütze: »Besonders aufgeklärt scheinen Sie nicht zu sein, Frau Lehrerin. Sie müssen heiraten und ein Kind bekommen!«

Mäxchen kommt mit einem sehr schlechten Zeugnis nach Hause, sein Vater schaut es sich an und sagt: »Das ist ja haarsträubend. Wie in alles in der Welt willst du mir diese miserablen Zensuren erklären?«
»Ist doch völlig klar«, erklärt Mäxchen seinem Vater, »wir können einfach nicht harmonieren, denn meine Lehrerin ist Wassermann und ich Jungfrau.«

Lehrerin: »Was stellst du dir unter einer Hängebrücke vor?«
»Wasser, Fräulein.«

Es sagte die Lehrerin zu dem kleinen Fritz:

»Deine Hausaufgaben sind in der letzten Zeit viel besser geworden. Nimmt dein Vater jetzt Nachhilfestunden?«

Die Lehrerin spricht über die symbolische Bedeutung der Farben. Gabi hat nicht richtig zugehört, und als sie wiederholen soll, stammelt sie: »Blau ist die Treue, Grün die Hoffnung... und Weiß...«
»Hättest du besser aufgepaßt«, sagt die Lehrerin, »dann wüßtest du, daß Weiß die Unschuld ist.«
Mault Gabi: »Man kann ja schließlich nicht alles behalten.«

*

»Wenn ich sage, der Ochse und die Kuh ist auf der Weide, was ist daran falsch, Hilde?«
»Die Dame muß zuerst genannt werden.«

*

»Was ist eigentlich der Unterschied zwischen Lehrkräften und Lehrkörper?« möchte Heini gern wissen.
Peter, zwei Jahre älter, weiß Bescheid: »Unter Lehrkräften versteht man die Lehrer, unter Lehrkörper die Lehrerinnen.«

Nach der Schule kommt eine Lehrerin gerade dazu, als ein paar Jungen aus der ersten Klasse zwei Hunde mit den Schwänzen aneinander zu knoten versuchen.
»Aber Kinder«, ruft sie entsetzt, »wie könnt ihr denn die armen Tiere so quälen? Wenn ich das nun mit euch machen wollte...«
»Aber Fräulein, so kleine Knoten können Sie ja gar nicht machen!«

*

Die Lehrerin unterrichtet Abc-Schützen. Sie nimmt das Alphabet durch.
»Walter, nenne mir ein Wort, das mit A anfängt!«
»Apfel.«
»Sehr gut. Heini, ein Wort mit B!«
»Besteck.«
»Richtig. Holger, ein Wort mit C.«
»Christkind.«
So geht es weiter, bis F an der Reihe ist. Jetzt wäre der kleine, ganz und gar verdorbene Michael dran, aber die Lehrerin übergeht ihn, weil sie bei ihm und diesem Buchstaben das Schlimmste befürchtet. Erst als das Z an der Reihe ist, kommt er dran und sagt: »Zwerg! Aber einer mit einem ganz langen, weil Sie mich kein Wort mit F haben sagen lassen.«

*

Der kleine Albert verbringt seinen ersten Tag in der Schule, und natürlich ist alles sehr aufregend für ihn. Seine Lehrerin ist eine sehr hübsche junge Frau, bei der vor allem ihre Vorderansicht äußerst bemerkenswert ist. Als Albert nach Hause kommt, fragt ihn sein Vater: »Nun, wie hat es dir gefallen?«
»Gut, und auch die Lehrerin ist nett, aber ihre Lunge ist zu spitz!«

Die kleine Julia kommt weinend nach Hause, denn die Lehrerin hat sie fürchterlich beschimpft. Die wütende Mutter setzt sich hin und schreibt an die Lehrerin einen Brief: *Wertes Fräulein! Wenn das noch einmal vorkommt, schicke ich meinen Mann zu Ihnen, und dann sind Sie die längste Zeit Fräulein gewesen!*

Der kleine Andreas wußte es ganz genau:

»Die Lücke, die eine Lehrerin hinterläßt, ersetzt sie meistens völlig!«

Wolfgang ist sich unschlüssig, welche der beiden er heiraten soll: die Sprechstundengehilfin oder die Lehrerin. Ein Freund rät ihm: »Nimm die Lehrerin! Die Sprechstundengehilfin sagt immerzu: ›Der nächste, bitte?‹ Aber die Lehrerin sagt: ›So, und nun wiederholen wir alles noch einmal!‹«

*

Susanne hüpft auf dem Schulhof mit dem Springseil. Kommt Frieda hinzu und sagt: »Laß mir mal!«
Das hört die Lehrerin und sagt: »Laß mich mal!«
Sagt Frieda zu Susanne: »Na, meinetwegen, dann laß ihr mal!«

*

»Frau Lehrerin, hätten Sie vielleicht ein Bild von sich für meine Mutter?«
»Ein Bild von mir? Wozu denn?«
»Ach, wissen Sie, meine Mutter sammelt Bilder von Naturkatastrophen.«

Auf der Schulfete bittet Hermann eine Lehrerin zum Tanz.
»Ich tanze nicht mit einem Kind«, wimmelt sie ihn ab.
»Entschuldigen Sie«, kontert Hermann, »ich wußte nicht, daß Sie in anderen Umständen sind.«

*

Der Direktor einer Mädchenschule feiert sein 25jähriges Dienstjubiläum. Zu seinen Ehren lassen sich im Naturkundesaal, dem schönsten Raum der Schule, alle Lehrerinnen von einer Schülerin fotografieren. Das Bild wird erst im letzten Augenblick fertig und dem Direktor freudestrahlend überreicht.
Aufmerksam betrachtet der Jubilar das Bild, dann fängt er an zu schmunzeln, denn über den Köpfen der Lehrerinnen hängt eine Wandtafel mit der deutlich lesbaren Aufschrift: *Unsere heimischen Giftpflanzen.*

»Sie sollen nicht ehebrechen,
Herr Schulrat!«

oder

Gebrannte Lehrer
scheuen das Feuer

Der Schulrat informiert sich über den Wissensstand der Klasse und fragt einen Schüler: »Was weißt du vom zerbrochenen Krug?«
»Ich war es nicht«, sagt der Schüler.
Irritiert sieht der Schulrat den Lehrer an, und der sagt: »Ich glaube auch nicht, daß er es war. Jochen tut so etwas nicht.«
Der Schulrat verläßt entnervt die Klasse und berichtet den Vorfall dem Direktor.
»Wissen Sie was«, sagt der, »hier haben Sie fünfzig Mark. Kaufen Sie dafür einen neuen Krug, und die ganze dumme Geschichte ist vergessen.«
Am nächsten Tag besucht der Schulrat einen Empfang und erzählt dort dem ebenfalls anwesenden Kultusminister den skandalösen Vorfall.
Der Politiker hört sich die Geschichte aufmerksam an, denkt kurz nach und sagt dann: »Wissen Sie, ich glaube, der Direktor hat den Krug zerbrochen. Sonst hätte er Ihnen bestimmt nicht die fünfzig Mark gegeben.«

*

In einem abgelegenen Dorf sehnt sich ein alter Lehrer jahrelang nach dem Besuch eines Schulrates. Noch nie hat dieser den Weg zu ihm gefunden.
Eines Tages besucht ein kleiner Wanderzirkus, dessen große und einzige Attraktion ein Kamel ist, den kleinen Ort. Der Lehrer läßt sich die Gelegenheit zu einer zoologischen Anschauungsstunde nicht entgehen und führt seine Schüler zu dem Tier.
Kaum ist er fort, will es der Zufall, daß der Schulrat zu Besuch kommt.
Schnell kehrt der Lehrer deshalb mit seinen Schülern wieder zur Schule zurück und murmelt dabei immer wieder: »Nun habe ich über zwanzig Jahre lang auf den Herrn Schulrat gewartet, und ausgerechnet heute muß das Kamel kommen.«

Der Schulrat betritt das Klassenzimmer und sieht auf dem Fußboden einen Zigarettenstummel liegen.
»Wem gehört der?« fragt er verärgert.
»Ihnen, Herr Schulrat!« brüllt die Klasse.
»Wieso mir?«
»Das ist bei uns so üblich«, klärt ihn ein Schüler auf. »Wer den Stummel zuerst sieht, darf ihn behalten.«

*

Der alternde Schulrat hat sich in eine ebenfalls nicht mehr ganz taufrische Lehrerin verguckt und fragt sie: »Liebst du mich.«
»Ja«, sagt die Lehrerin.
»Antworte bitte in einem vollständigen Satz!« fährt sie der Schulrat an.

*

Der Schulrat betritt in dem Augenblick die Klasse, als Reinhard sagt: »Ich ist...«
»Halt, mein Junge«, unterbricht er sofort, »es heißt nicht: ich ist, sondern ich bin. Fahre fort!«
Reinhard wirft seinem Lehrer einen hilfesuchenden Blick zu und stottert dann: »Ich bin ein persönliches Fürwort.«

*

Ein Schulrat überrascht einen Lehrer, wie der einen Jungen fürchterlich verhaut.
»Aber, Herr Kollege, Sie wissen doch, daß Züchtigung verboten ist. Wenn der Vater Sie verklagt, haben Sie eine dumme Geschichte am Hals.«
»Ich garantiere Ihnen, daß der Vater nicht klagen wird.«
»Wie können Sie das mit so großer Sicherheit behaupten?«
»Weil ich der Vater bin!«

Holger hat sich angewöhnt, alle Menschen mit du anzureden. »Nachher kommt der Schulrat«, sagt der Lehrer zu ihm, »und zu dem mußt du unbedingt Sie sagen.«
Der Schulrat erscheint und fragt die Schüler nach dem sechsten Gebot. Holger meldet sich und sagt: »Sie sollen nicht ehebrechen, Herr Schulrat!«

*

Der Schulrat erkundigt sich, was gerade durchgenommen wird. Er erfährt, daß es die zusammengesetzten Hauptwörter sind, und macht Stichproben.
Ein Schüler sagt: »Drecksau.«
Ein anderer: »Schweinehund.«
Ein dritter: »Dreckhammel.«
Wundert sich der Schulrat und sagt zum Klassenlehrer: »Sachlich ist das ja alles richtig, aber diese Ausdrücke...«
»Ich weiß auch nicht«, sagt der Lehrer, »woher die Arschlöcher die haben.«

*

Kurz vor dem Dorf ist ein Auto stehengeblieben. Der Fahrer bemüht sich ein wenig hilflos, es wieder in Gang zu bringen. Da kommt ein Junge vorbei und bietet seine Hilfe an. Nach kurzer Zeit hat der Junge den Fehler gefunden und etwas später auch behoben.
»Das ist ja toll, wie du dich auskennst«, sagt der Fahrer und gibt dem Jungen ein Trinkgeld. »Aber müßtest du um diese Zeit nicht in der Schule sein?«
»Eigentlich schon, aber heute kommt der Schulrat, und weil ich so dumm bin und nichts kann, hat mich der Lehrer nach Hause geschickt.«
»Na, dann mach dir noch einen schönen Tag«, sagt der Schulrat und steigt in sein Auto.

»Meine Lieben«, sagt der Schulrat, »ich möchte gern euer Kombinationsvermögen prüfen. Deshalb sitzt still und schließt die Augen.« Danach schnalzt er kurz mit der Zunge und fragt: »Was war das?«
Zunächst meldet sich niemand, doch dann sagt ein Mädchen vorwurfsvoll: »Sie haben unsere Lehrerin geküßt!«

*

Der Schulrat ärgert sich über den Lärm, der vom nebenliegenden Klassenzimmer herüberdringt. Schließlich hält er es nicht mehr aus, geht in den anderen Raum, greift sich den, der am lautesten redet und zerrt ihn in die von ihm geprüfte Klasse.
»Da setzt du dich jetzt hin und hältst deinen Mund!« herrscht er den Verdutzten an.
Nach einer Weile öffnet sich leise die Tür, und ein Junge fragt schüchtern: »Ach bitte, Herr Schulrat, können wir vielleicht unseren Lehrer wiederhaben?«

*

»Nun, Christoph«, sagt der Lehrer, »was sagst du, wenn der Schulrat kommt?«
»Guten Tag.«
»Und was sagst du, wenn er wieder geht?«
»Gott sei Dank!«

*

Der Schulrat beschwert sich beim Besuch einer Klasse über die im Raum herrschende schlechte Luft.
Der Lehrer entschuldigt dies mit den Worten: »Sie müssen bedenken, daß dreißig kleine Gashähnchen immer offenstehen.«
»Na«, sagt der Schulrat, »der Haupthahn scheint aber auch nicht ganz zu schließen.«

Der Schulrat will die natürliche Intelligenz und die Schlagfertigkeit der Schüler einer Klasse prüfen und fragt: »Was würde die Folge sein, wenn jemand ein Ohr verlieren würde?«
Antwortet Heribert: »Er würde weniger gut hören.«
Sagt der Schulrat: »Richtig. Und was wäre, wenn er das zweite Ohr auch noch verlieren würde?«
Sagt Rainer: »Er würde nichts mehr sehen.«
Schulrat: »Wieso denn?«
Jörg: »Fehlen einem Menschen beide Ohren, so rutscht ihm die Mütze oder sein Hut über die Augen.«

Kurz bevor der Schulrat kam, sagte die Lehrerin:

»Wer auf meine Frage eine Antwort weiß, hebt die rechte Hand. Wer die Antwort nicht weiß, hebt die linke Hand!«

Bei der Prüfung sagt der Schulrat: »He, Sie da, links in der letzten Bank, wie viele Inseln gibt es im Ägäischen Meer und wie heißen sie?«
»Es gibt viele Inseln im Ägäischen Meer – und ich heiße Oberberger, Herr Schulrat!«

*

Fragt der Schulrat: »Nun, sagt mir mal, was ich bin?«
Schüler: »Ein Mann.«
»Richtig, aber ich bin doch noch etwas anderes?«
Schüler: »Ein kleiner Mann.«
Der Schulrat zuckt zusammen und bohrt nach: »Meinetwegen – aber was bin ich noch?«
Schüler: »Ein kleiner häßlicher Mann!«

Sagt der Schulrat: »Ich stelle dir zwei Fragen, und wenn du die erste richtig beantwortest, verzichte ich auf die Beantwortung der zweiten Frage. Also, hier ist die erste Frage, und die lautet: Wie viele Haare hat ein fünfjähriges Pferd?«
Wie aus der Pistole geschossen kommt die Antwort: »Ganz genau 734 782 Haare, Herr Schulrat.«
Der Schulrat ist völlig verdutzt und fragt nur noch: »Wie kommst du denn auf diese Zahl?«
Antwortet der Schüler: »Das ist die zweite Frage, und die muß ich ja nicht mehr beantworten, Herr Schulrat!«

*

Bei dem Besuch der Schule betrachtet der Schulrat anerkennend ein Bild an der Wand. Es ist eine Kopie des weltberühmten Engelköpfchens aus der Sixtinischen Madonna im Vatikan, des Engels, der seinen Kopf in beide Hände stützt.
Wohlwollend sagt der Schulrat zum Lehrer: »Sehr anerkennenswert, daß Sie dieses Bild aufgehängt haben.«
»So sehe ich das auch, Herr Schulrat«, sagt der Lehrer, »denn dieses Bild hält den Schülern ständig vor Augen, wie häßlich es aussieht, wenn sie sich auf den Bänken herumflegeln.«

*

Der Besuch des Schulrats war lange vorher angekündigt, und als er kommt, nimmt er am Religionsunterricht teil.
Der Lehrer fragt Karl: »Woran glaubst du?«
Karl: »Ich glaube an Gott, den Vater.«
»Gut«, sagt der Lehrer, »und Hans, woran glaubst du?«
Hans: »Ich glaube an Gott, den Sohn.«
»Gut«, sagt der Lehrer.
Da meldet sich Uwe und sagt: »Herr Schulrat, wenn Sie nun wissen wollen, wer an Gott, den Heiligen Geist, glaubt, dann fragen Sie mal den Max.«

Während der Französischstunde kommt der Schulrat in das Klassenzimmer und setzt sich neben Lothar in die letzte Bankreihe. Die hübsche Lehrerin schreibt einen Satz an die Tafel und fragt: »Wer kann das übersetzen?«
Nach einer kurzen Pause meldet sich Lothar und übersetzt den Satz folgendermaßen: »Mit der würde ich auch gern einmal schlafen!«
Die Lehrerin wird knallrot: »Das ist völlig falsch! So etwas würde ich doch nie an die Tafel schreiben!«
»Entschuldigung«, sagt da Lothar, »dann hat mir der Herr Schulrat falsch vorgesagt.«

*

Der Schulrat nahm am Geschichtsunterricht teil. Die Antwort auf eine Frage, die der Lehrer stellt, müßte »Grafschaft Glatz« heißen.
Als der befragte Schüler nicht antworten kann, will ihm der freundliche Schulrat, der etwas hinter dem Lehrer steht, eine Hilfe geben und deutet auf seine Glatze.
Da atmet der befragte Schüler auf und sagt: »Die Oberlausitz!«

*

Der Schulrat besucht eine Klasse und stellt eine Frage nach der anderen. Schließlich erkundigt er sich: »Will jemand noch etwas von mir wissen?«
Meldet sich Hans-Joachim: »Wann müssen Sie denn endlich zur nächsten Klasse?«

»Wer Alkohol trinkt,
bekommt keine Würmer!«

oder

Wer nichts lernt,
kann auch nichts vergessen

»Wer kann mir etwas über die bedeutendsten Dichter des letzten Jahrhunderts sagen?« fragt der Lehrer.
»Ich!« meldet sich Siegfried.
»Und was weißt du?«
»Daß sie alle tot sind.«

Der Lehrer fuhr den Schüler an:

»Kunze, wie sitzt du denn in deiner Bank?«
»Danke, Herr Lehrer, sehr gut.«

Sagt der Lehrer erbost: »Die Klasse ist in Rechnen so schlecht, daß mindestens sechzig Prozent eine Fünf bekommen werden.«
Tönt es aus der hintersten Reihe: »So viele sind wir doch gar nicht!«

*

»Kann mir jemand sagen, ob das Rhinozeros ein nützliches Tier ist?«
»Ja, es wird als Schimpfwort gebraucht.«

*

»Wenn ich sage ›die Bank‹, was ist das für ein Artikel, Franz?«
»Das ist der weibliche Artikel, Herr Lehrer.«
»Gut, und wenn ich sage ›das Heft‹, Karl?«
»Das ist sächlich.«
»Sehr gut. Und wenn ich sage ›der Knallfrosch‹ – was für ein Artikel ist das?«
»Das ist ein Scherzartikel, Herr Lehrer.«

»Wenn ich sage: ›Ich habe fortgegangen‹, so ist das falsch. Warum, Lilli?«
»Weil Sie noch hier sind, Herr Lehrer.«

*

Lehrer: »Drei mal sieben – was kommt da raus?«
Schüler: »Feiner Sand.«

*

»Weißt du auch, was mit Kindern passiert, die nicht die Wahrheit sagen?« fragt der Lehrer den kleinen Hans.
»Ja, die fahren in der U-Bahn zum halben Preis.«

*

»Wenn jemand sagt: ›Das Lernen macht Spaß!‹ – welcher Fall ist das?« fragt der Lehrer Fridolin.
»Ein seltener, Herr Lehrer.«

*

»Was machst du gerade?« erkundigt sich der Lehrer bei Willi. »Es wird doch wohl nichts Nützliches sein?«
»Nein, Herr Lehrer. Ich höre Ihnen bloß zu.«

*

Der Lehrer stellt ein Glas mit Wasser und ein Glas mit Alkohol auf das Pult. In das Wasserglas legt er einen Wurm, der sich offensichtlich in dieser Flüssigkeit sehr wohl fühlt. Danach nimmt der Lehrer den Wurm aus dem Wasserglas und legt ihn in das mit Alkohol gefüllte Glas. Kurze Zeit später ist der Wurm tot, und der Lehrer fragt: »Welchen Schluß kann man aus diesem Experiment ziehen?«
Der kleine Walter: »Wer Alkohol trinkt, bekommt keine Würmer.«

Sagt der Lehrer: »Ich habe euch jetzt von der Klapperschlange erzählt. Wer kennt ein ähnlich gefährliches Tier?«
»Der Klapperstorch, Herr Lehrer!«

*

»Karin«, fragt der Lehrer, »ist es richtig, wenn ich sage: ›Ich liebe dir‹?«
»Nein, Herr Lehrer, bestimmt nicht, sonst hätten Sie mir keine Strafarbeit aufgegeben.«

*

»Kannst du mir ein Beispiel nennen, daß nicht alles Gold ist, was glänzt?«
»Ihre Hose, Herr Lehrer!«

Es fragte der Witzbold:

»Was ist der Unterschied zwischen einem Knochen und der Schule? – Der Knochen ist für den Hund, die Schule für die Katz!«

»Du hast sieben Äpfel, Hans. Zwei nehme ich mir weg. Was macht das?«
»Gar nichts. Ich mag keine Äpfel.«

*

»Jens, wie stellst du dir die ideale Schule vor?«
»Geschlossen!«

Rolf ist wieder einmal begriffsstutzig. Dem Lehrer wird es zuviel, und er sagt: »Hier hast du fünfzig Pfennig, geh rüber zum Metzger und laß dir Hirn dafür geben!«
»Soll ich sagen, daß es für Sie ist, Herr Lehrer? Dann bekomme ich vielleicht etwas mehr!«

*

Der Lehrer erklärt die Brechung des Lichts und fragt: »Was passiert, wenn ein Licht ins Wasser fällt?«
»Dann geht es aus.«

*

»Nun, Kinder, wer von euch kann mir den Ort nennen, an den alle guten Menschen kommen?« fragt der Lehrer die Erstkläßler.
Keine Antwort.
»Aber das müßt ihr doch wissen. Es ist ein großer Raum, mit goldenen Pfeilern, mit der lieblichsten Musik...«
»Das Kino!« schreit die Klasse wie aus einem Mund.

Es behauptete der Lehrer:

»Alle Fragewörter beginnen mit ›w‹!«
»So?« sagte der Schüler.

»Wie viele Kinder seid ihr zu Hause?« will der Lehrer wissen.
»Wir sind drei Jungen, und jeder von uns hat eine Schwester.«
»Sechs Kinder also.«
»Nein, Herr Lehrer, nur vier.«

»Ein Idiot ist dadurch gekennzeichnet, daß er mit seinen Sprachäußerungen unverständlich bleibt. Haben Sie verstanden, Schneider?«
»Nein, Herr Studienrat.«

Der Lehrer bat Hans:

»Kannst du mir sagen, was ein Heuchler ist?«
»Das ist einer, der sagt, daß er gern zur Schule geht!«

Der neue Schüler hat eine freche Antwort gegeben, und der Lehrer brüllt: »Glaubst du vielleicht, ich bin ein Dummkopf?«
»Das kann ich nicht beurteilen, dafür kenne ich Sie noch nicht gut genug.«

*

Als der neue Lehrer erstmals das Klassenzimmer betritt, stolpert er über Fritzschens Fuß und sagt wütend: »Blödmann!«
»Sehr angenehm«, sagt Fritzchen. »Und ich heiße Fritz Schulze.«

*

Der Lehrer spricht in der Schule über den Schaden, den der Rost verursacht, und über Rostschutz sowie rostfreie Gegenstände, von denen er einige aufzählt.
»Hans, nenne mir noch einen Gegenstand, der nicht rostet.«
»Alte Liebe, Herr Lehrer!«

Fragt der Lehrer Alois: »Kannst du mir sagen, woraus die erste Sprechmaschine gemacht wurde?«
»Aus einer Rippe.«

*

»Michael, wie unterscheiden sich Mann und Frau?«
»Eigentlich gar nicht, Herr Lehrer. Hinten sind sie gleich und vorne passen sie zusammen.«

*

»Fritz«, sagt der Lehrer, »nenne mir ein Beispiel von Energieverschwendung!«
»Wenn man einem Kahlköpfigen eine haarsträubende Geschichte erzählt!«

»Als Eva den Apfel gegessen hatte,
stand Adam bei ihr Schlange!«

oder

**Im Religionsunterricht steckt
der Teufel im Detail**

Im Religionsunterricht erklärt der Lehrer den Unterschied zwischen Heiligkeit und Scheinheiligkeit.
»Reinhold, weißt du dazu ein Beispiel?«
»Klar. Meine Mutter nimmt regelmäßig die Anti-Baby-Pille, aber an Weihnachten singt sie: Ihr Kinderlein kommet!«

*

Der Religionslehrer erzählt von der Erschaffung der Welt und wie Gott schließlich auch noch die Menschen und die Tiere schuf.
Fragt Alexandra: »Wirklich alle die vielen Tiere?«
»Natürlich«, sagt der Lehrer, »die hat Gott alle selber gemacht.«
»Auch die Fliegen, die Spinnen und die Flöhe?«
»Aber sicher.«
»Das ist aber eine pingelige Arbeit gewesen!«

*

»Lukas, was hat Martin Luther an die Schloßkirche von Wittenberg geschlagen?«
Wie aus der Pistole geschossen kommt die Antwort: »Die 95 Prothesen!«

*

Der Religionslehrer fragt Franz, was er zuerst mache, wenn er morgens aufwache.
»Ich gehe auf die Toilette.«
»Du solltest beten«, sagt der Lehrer. »Und was tust du als erstes, Kurt?«
»Ich gehe auch zuerst auf die Toilette.«
»Und du, Gerd?«
»Ich bete«, sagt Gerd.
»Und wie lange betest du?«
»Solange ich auf der Toilette bin!«

Der Religionslehrer fragt: »Was ist ein Priester?«
Die gescheite Marion meldet sich: »Das ist einer mit schwarzer Kleidung, der sonntags predigt.«
»Und was ist ein Kardinal?«
»Das ist das gleiche in Farbe!«

*

»Herr Pfarrer, warum ist es eigentlich Sünde, mit einem Mädchen zu schlafen?«
»Ja, wenn ihr nur schlafen würdet!«

*

Eine Stunde lang hat der Religionslehrer über das Laster gesprochen. Schließlich fragt er Berta, um sich zu überzeugen, daß man ihn verstanden hat: »Weißt du jetzt, was ein Laster ist?«
»Ein Laster ist ein großes Fahrzeug, das man mit Kies und vielen anderen Dingen beladen kann.«

Es fragte der Religionslehrer:

»Was habt ihr denn für Vorsätze für die Fastenzeit?«
Meldet sich Fritz: »Ich gebe unserem Hund keine Wurst mehr!«

»Ich glaube«, sagt Thomas im Religionsunterricht, »das achte Gebot gilt nur für Lehrer.«
»Wieso das?« fragt der Pfarrer.
»Es heißt doch: Du sollst kein falsches Zeugnis ablegen!«

Der Lehrer hat den Kindern die Geschichte von Adam und Eva im Paradies erzählt, und nun sollen sie sagen, was sie behalten haben.
Sagt Karlchen: »Als Eva den Apfel gegessen hatte, stand Adam bei ihr Schlange.«

*

Die Kinder lesen im Religionsunterricht aus dem Alten Testament die Geschichte von Noah.
Roswitha liest vor und beginnt: »Da nahm sich Noah eine Frau...« Roswitha blättert um, merkt nicht, daß zwei Seiten zusammenkleben und liest weiter: »...verkittete sie und verschmierte alle Fugen mit Pech, damit sie wasserdicht sei...«

*

Als der Lehrer in der Religionsstunde den Spruch Salomons erörtert: »Wenn dich die bösen Buben locken, so folge ihnen nicht!« hebt eine Schülerin die Hand und fragt: »Was ist aber, wenn die guten Buben locken?«

*

»Was habt ihr denn heute gelernt?«
»Der Herr Pfarrer hat uns über Adam und Eva erzählt.«
»Und was hast du behalten?«
»Nicht viel, das waren ja Anfänger!«

*

In der Religionsstunde fragt der Lehrer: »Jetzt sag mir mal, Heiner, welche Sünde hat Adam begangen?«
»Er aß die verbotene Frucht, die ihm Eva gegeben hat.«
»Und wie wurde Adam dafür bestraft?«
»Er mußte Eva heiraten.«

Dem Religionslehrer will es nicht gelingen, Fritzchen davon zu überzeugen, daß auch er – wie alle Menschen – ein Sünder sei. Schließlich versucht er es mit einem Beispiel:
»Hast du noch nie versucht, mit einem Messer Münzen aus deinem Sparschwein herauszuholen?«
»Nein«, sagt Fritzchen, »aber die Idee finde ich prima!«

*

Der Religionslehrer erzählt die Geschichte von Noah und der Sintflut und sagte: »Doch leider mußte Gott später feststellen, daß die Menschheit trotzdem nicht besser geworden ist.«
»Ja«, sagt Lothar, »das denke ich mir auch, sonst hätte Gott längst eine neue Sintflut geschickt, wenn die erste etwas genützt hätte!«

Es fragte der Pfarrer:

»Weißt du, wodurch man am schnellsten die ewige Seligkeit erreicht?«
»Durch schnelles Sterben!«

»Welches ist das erste und wichtigste Sakrament?« fragt der Religionslehrer.
»Die Trauung«, sagt ein Mädchen.
»Sie ist sicher wichtig, aber zuerst kommt die Taufe. Und das solltest du dir gut merken!«
»Das will ich mir gar nicht merken«, sagt das Mädchen. »Wir sind eine anständige Familie, und bei uns wird zuerst geheiratet, und dann kommen die Kinder.«

Fragt der Religionslehrer: »Was passiert, wenn du eines der zehn Gebote brichst?«
Schüler: »Dann sind es nur noch neun.«

*

Der Religionslehrer will auf die Taufe zu sprechen kommen und fragt deshalb: »Stellt euch vor, ihr habt ein kleines Brüderchen bekommen. Was wird die Mutter als erstes tun?«
Meldet sich Moritz: »Meine Mutter wird zuerst auf Alimente klagen.«

Es fragte der Religionslehrer:

»Was ist es, was wir am Osterfest so wunderbar und über alle menschliche Begriffe erhaben finden?«
»Daß die Hasen Eier legen!«

Rät der Religionslehrer: »Sagt abends immer schön euer Gebet auf und schließt eure Mutter und euren Vater mit ein.«
»Das ist nicht nötig«, stellt Susanne fest, »mein Vater will abends nämlich meist in die Kneipe, und deshalb hat meine Mutter ihn schon eingeschlossen.«

*

Armut und Reichtum ist das Thema der Religionsstunde. »Für wen ist denn der Spruch ›Geben ist seliger denn nehmen‹ besonders gedacht?« fragt der Lehrer.
Max: »Für Boxer!«

Religionslehrer: »Wer kann mir etwas über die Kindheit von Moses sagen?«
Gerlinde: »Moses war der Sohn einer ägyptischen Prinzessin.«
»Nein, so war es nicht. Die Tochter des Pharao ging am Nil spazieren und fand Moses in einem Binsenkörbchen.«
»Na, ich weiß nicht so recht«, sagt Gerlinde, »das hat sie nur so herumerzählt.«

*

Fragt der Religionslehrer: »Nun, Hans, wie ging der Kampf mit dem Riesen Goliath aus?«
Antwortet der Fußballfan Hans: »1:0 für David!«

Es fragte der Pfarrer:

»Welches ist das äußerlich sichtbare Zeichen der Taufe?«
»Das Kind, Herr Pfarrer.«

»Was müßt ihr tun, damit euch euere Sünden vergeben werden?«
»Sündigen!« sagt Elschen.

*

Der Lehrer erzählt den Kindern die Weihnachtsgeschichte und stellt danach Fragen. Eine dieser Fragen, auf die er als Antwort »die Hirten« oder »die drei Weisen«, erwartet, richtet er an Helga: »Wer hat zuerst von Jesu Geburt erfahren?«
Das Mädchen weiß es genau: »Maria.«

Der Religionslehrer will wissen, in welchen Familien vor dem Essen gebetet wird, aber niemand meldet sich.
»Na, spricht denn euer Vater beim gemeinsamen Abendessen nie vom lieben Gott.«
»Doch, meiner schon.«
»Und was sagt denn dein Vater, Manfred?«
»Mein Vater sagt manchmal: Ach, du lieber Gott, Mutter, das ist heute aber wieder ein Fraß!«

*

Der Religionslehrer schildert den Kindern den Weltuntergang: »Sturm wird die Dächer von den Häusern reißen, dicke Hagelkörner werden die Fenster zerschlagen, die Bäche und Flüsse werden über die Ufer treten, Blitz und Donner werden über die Menschheit hereinbrechen...«
Fragt ein Schüler: »Werden wir bei diesem Sauwetter auch Unterricht haben?«

*

»Warum sind die ersten Menschen aus dem Paradies vertrieben worden?«
Helene: »Weil Eva den Apfel eßte.«
Lehrer: »Aß!«
Helene: »Weil Eva, das Aas, den Apfel eßte.«

*

Der Lehrer liest den Schülern die Geschichte vor, wie Joseph von seinen Brüdern verkauft wurde. Am Schluß fragt er: »Welches Unrecht haben die Brüder begangen, als sie Joseph für zwanzig Silberlinge an die Kameltreiber verkauften?«
Zuerst meldet sich niemand, doch dann sagt der kleine Georg: »Ich glaube, die Brüder haben den Joseph viel zu billig verkauft!«

»Aber Herr Lehrer,
müssen wir schon wieder über den
blöden Beischlaf reden?«

oder

Die Pflege der
zwischenmenschlichen Beziehungen

Die Lehrerin wird heiraten und verabschiedet sich von ihrer Klasse. Schließlich sagt sie noch: »Und wenn mir der Klapperstorch ein kleines Kind gebracht hat, dann kommt ihr mich einmal besuchen.«
Murmelt der kleine Hans von der vorletzten Bank: »Ich höre immer Klapperstorch – die wird sich wundern.«

*

Die Lehrerin versucht, den Kindern den Zeitbegriff zu erklären: »Liane, heute kannst du sagen: Ich bin ein Kind. Was wirst du in einigen Jahren sagen?«
»Ich habe ein Kind.«
»Nein, nicht ganz so weit in die Zukunft.«
»Ich bin schwanger.«

*

Der Lehrer sagt zu den Schülern, sie sollen einen Satz mit »Piff, paff und puff« bilden, worauf der liebe Hans-Jürgen sagt: »Der Jäger geht mit der Piff-Paff in den Wald und macht puff.«
Und Hans sagt: »Mein Vater ging in den Puff, verletzte sich den Piff, und da war meine Mutter baff.«

*

»Was ist das für ein Baum, Werner?«
»Eine Buche.«
»Nein, eine Linde, aber ich freue mich, daß du mitdenkst.«
Fragt Werner, eine Hand in der Hosentasche, die Lehrerin: »Was habe ich wohl in der Hand? Es ist hart wie Holz und hat einen roten Kopf.«
Die Lehrerin gibt ihm eine Ohrfeige, und Werner sagt: »Es ist ein Streichholz! Aber ich freue mich, daß Sie mitdenken.«

Die Lehrerin fragt Anton: »Wenn ich sage: ich liebe, du liebst, er liebt – was ist das?«
Der Junge denkt einen Augenblick nach und sagt dann: »Das kann nur Gruppensex sein!«

*

Fragt die Lehrerin: »Welche Münzen gibt es?«
Marianne: »Mark.«
Lehrerin: »Gut.«
Stefan: »Pfennig.«
Lehrerin: »Auch gut.«
Ernst-Gottlieb: »Mal.«
»Mal?« fragt die Lehrerin. »Was ist denn das für eine Währung. Wer zahlt denn mit Mal?«
Ernst-Gottlieb: »Meine Schwester. Ich habe gehört, wie meine Schwester von ihrer Freundin gefragt wurde, wieviel ihr neuer Pelzmantel gekostet hat, und da hat meine Schwester gesagt: ›Nur fünfmal!‹«

*

Hans-Peter ist wieder einmal schrecklich ungezogen gewesen. Stöhnt die junge Lehrerin: »Eine Woche lang möchte ich mal deine Mutter sein!«
Sagt Hans-Peter grinsend: »Ich werde mal mit meinem Vater reden. Aber so, wie Sie aussehen, wird das bestimmt klappen.«

*

Sagt der kleine Hans: »Ein Pessimist ist so ein Ding, was die Frauen nehmen, damit sie keine Kinder bekommen.«
Entsetzt schüttelt die Lehrerin den Kopf und fragt: »Und was ist deiner Meinung nach dann ein Optimist?«
»Das ist der Mann von der Frau, die keinen Pessimist nimmt.«

Der Lehrer hält in der Unterprima eine geistsprühende Deutschstunde. Leider findet er nicht bei allen Zuhörern ein geneigtes Ohr. Eine Schülerin ist sogar gerade dabei, einen Ausflug in das Reich der Träume zu unternehmen. Da wird die Schülerin durch die donnernden Worte des Lehrers abrupt in die Wirklichkeit zurückgerufen: »Schlafen Sie, bei wem Sie wollen – aber nicht bei mir!«

*

Sagt der Ehemann zu seiner Frau: »Stell dir vor, was unser Sohn uns wieder eingebrockt hat. Er hat sich im Eros-Center angesteckt und danach meine Sekretärin infiziert. Von ihr habe selbstverständlich ich es mir geholt, und seit heute nacht hast auch du es. Was hat sich der Junge nur dabei gedacht? Ich kann mir das nicht erklären.«
»Ich schon«, sagt seine Frau. »Er hat sich über seinen Mathematiklehrer geärgert und will sich revanchieren. Ich treffe mich doch morgen mit ihm.«

*

Ein Polizist erwischt einen Jungen, der eine Autoantenne abgebrochen hat. Er fährt ihn an: »Wie heißt du?«
»Werner Puff.«
»Wo wohnst du?«
»In Fummeldingen.«
»Und was machst du hier in der Stadt?«
»Ich gehe hier in das Gymnasium.«
Der Polizist geht zusammen mit dem Schüler zur nächsten Telefonzelle und ruft das Gymnasium an: »Haben Sie einen Schüler Puff?«
Der Lehrer, der das Telefonat entgegennimmt, atmet tief durch und sagt dann: »Sie sind wohl verrückt. Wir haben nicht einmal einen für Lehrer!«

»Nun will ich euch den Unterschied zwischen Einzahl und Mehrzahl erklären«, sagt der Lehrer. »Wenn eine einzige Frau aus einem Fenster schaut, was ist das?«
»Einzahl, Herr Lehrer.«
»Richtig. Und wenn sechs Frauen aus dem Fenster schauen, was ist das?«
»Ein Eros-Center, Herr Lehrer.«

*

»Was habt ihr denn heute auf, Astrid?« fragt die Mutter, als ihre zwölfjährige Tochter nach Hause kommt.
»Wir müssen zehn Sätze über das männliche Geschlecht bilden.«
»Unglaublich! Ich werde mich am nächsten Elternabend bei deinem Lehrer beschweren. Das ist doch kein Thema für Zwölfjährige!«

*

Der junge Lehrer starrt verstört auf die Mädchenbeine, die von kurzen Miniröcken nur unvollkommen bedeckt werden. Als eines der jungen Mädchen auch noch aufreizend mit den Knien wackelt, sagt er: »Wenn jetzt nicht endlich Schluß ist, muß ich energisch dazwischenfahren!«

*

Fragt die Lehrerin: »Nennt mir Blumen, die aus vielen Silben bestehen.«
Meldet sich Xaver: »Alpenveilchen.«
Lehrerin: »Schön, schön, schön.«
Sagt Marion: »Stiefmütterchen.«
Lehrerin: »Schön, schön, schön.«
Sagt Stefan: »Orgasmus.«
Lehrerin: »Aber das ist doch kein Blumenname.«
Stefan: »Nein, aber schön, schön, schön!«

Die Lehrerin will ein Beispiel für eine doppelte Verneinung erklären und sagt zu Heidelinde: »In diesem Frühjahr habe ich nie kein einziges Mal Spaß gehabt. Was muß ich tun, um das richtig zu stellen?«
»Sie müssen sich einen netten Mann anlachen!«

Es fragte die schwangere Lehrerin:

»Wenn ich sage, ich werde heiraten, welche Zeit ist das?«
»Die allerhöchste, Frau Lehrerin!«

Der Lehrer fragt: »Was ist am schönsten?«
Es gibt viele Antworten, vom Fußballspiel bis zur elektrischen Eisenbahn.
Doch Raymond sagt: »Für mich ist es am schönsten, mit einem Mädchen zusammen zu sein.«
Der Lehrer ist wütend, bestraft Raymond und bestellt dessen Vater zu einer Besprechung.
Am nächsten Tag erscheint Raymond ohne seinen Vater und sagt zum Lehrer: »Mein Vati kommt nicht. Er läßt Ihnen durch mich ausrichten, daß er ganz und gar meiner Ansicht ist, und wenn Sie, Herr Lehrer, anderer Meinung sein sollten, hätte ich allen Grund, mich vor Ihnen in acht zu nehmen.«

*

Beim Eheberater beklagt sich eine junge Frau: »Mein Mann, ein Lehrer, ist in der Schule ein ganz toller Hecht, aber bei uns zu Hause im Bett ist er ein totaler Versager. Was soll ich tun?«
»Versuchen Sie es doch einmal mit ihm in der Schule.«

Faucht die Lehrerin Alfred an: »Eine Unverschämtheit von dir, während meines Unterrichts einzuschlafen!«
»Aber ich habe doch von Ihnen geträumt...«

*

Um den Schülern die Sprache lebendig zu machen, versucht die junge Lehrerin, die Klasse zu eigenen Reimversuchen zu bringen.
»Paßt auf«, sagt sie: »Ein Vögelchen sitzt am Bodensee und streckt sein Schwänzchen in die Höh'. Wie könnte das weitergehen?«
Meldet sich Sebastian: »Wenn ich in Ihren Ausschnitt seh', geht's mir wie dem Vögelchen vom Bodensee.«

*

Der Lehrer will den Begriff des »stillen Teilhabers« erklären: »Also, paßt auf! Das ist so, daß einer den Namen und eventuell auch etwas Geld gibt, während der andere vornehmlich im stillen und ohne daß die anderen es wissen, produktive Arbeit vollbringt. Wie nennt man diesen zweiten Mann?«
Zuerst meldet sich niemand, doch dann sagt eine Zwölfjährige: »Hausfreund!«

*

Der Lehrer will von seinen Abc-Schützen einen Satz mit Komma und Punkt gebildet haben.
Theo meldet sich und sagt: »Meine Schwester weiß – Komma –, daß sie schön ist.«
»Gut«, sagt der Lehrer, »und jetzt einen Satz mit zwei Kommata und Strichpunkt.«
Theo: »Meine Schwester weiß – Komma –, daß sie schön ist – Komma – darum geht sie auf den Strich – Punkt.«

Als Alexander ins Gymnasium kommt, verliebt er sich prompt in eine hübsche Lehrerin. Eines Tages gesteht er ihr stotternd, daß er sie liebt.
Die Lehrerin verbeißt sich ein Lachen und fragt: »Aber Alexander, was soll ich denn mit einem Kind?«
Alexander weiß Rat und sagt: »Keine Angst, Fräulein, wir werden eben aufpassen.«

*

Die Lehrerin fragt: »Was ist das, es hat vier Beine und ist braun?«
Antwortet Lukas: »Ein Reh.«
»Richtig, aber es könnte auch ein Hirsch sein. Und was ist das, es ist grün und hüpft herum?«
Sagt Lukas: »Ein Frosch.«
Lehrerin: »Richtig, aber es könnte auch eine Heuschrecke sein...«
Sagt Lukas: »Frau Lehrerin, jetzt habe ich einmal eine Frage: wenn man es reinsteckt, ist es lang und hart, und wenn man es wieder herauszieht, ist es klein und schrumplig?«
Die Lehrerin wird rot und gibt Lukas eine Ohrfeige.
»Richtig«, sagt Lukas, »es könnte aber auch ein Kaugummi sein.«

*

Der Lehrer will seine Schüler an das Abendgebet erinnern und fragt Annette: »Nun, was tun deine Eltern abends?«
»Sie essen Abendbrot.«
»Und was machen sie danach?«
»Mami liest und Vati schaut die Tagesschau an.«
»Und was tun sie danach?«
»Dann gehen sie ins Bett.«
»Und was machen sie denn, bevor sie einschlafen?«
»Aber, Herr Lehrer, müssen wir schon wieder über den blöden Beischlaf reden?«

Der Lehrer sieht Ludwig streng an und fragt: »Wer hat eigentlich meinen Kirschbaum geplündert?«
Sagt Ludwig: »Herr Lehrer, hier in der letzten Reihe versteht man kein Wort.«
»Also, das werden wir jetzt ganz genau überprüfen. Ich setze mich auf deinen Platz, du gehst nach vorne und sagst etwas.«
Fragt Ludwig: »Herr Lehrer, wer hat gestern meine Schwester geküßt?«
»Du hast recht, hier hinten versteht man wirklich nichts.«

*

Der Lehrer warnt die Jungen: »Nehmt euch vor der ersten Zigarette in acht! Auf die erste Zigarette folgt die zweite und dann unzählige. Und auf die erste Zigarette folgt der Alkohol. Und danach folgt auch bald die erste Sünde mit den Mädchen.«
»Herr Lehrer«, will Fridolin wissen, »wie heißt denn diese dufte Zigarettenmarke?«

*

Die Lehrerin kommt in das Klassenzimmer und entdeckt an der Tafel eine Zeichnung, die einen nackten Jungen darstellt. Darunter steht: *So bin ich gebaut!*
Wütend dreht sich die Lehrerin um und sagt: »Wer das gemalt hat, soll nach dem Unterricht zu mir kommen!«
Als die Lehrerin am nächsten Tag in das Klassenzimmer kommt, steht auf der Tafel: *Mit guter Werbung erreicht man alles, was man will!*

*

Die Tochter kommt aus der Schule und sagt: »Heute sind wird alle untersucht worden. Eine ist noch Jungfrau.«
Fragt ihr Vater: »Du?«
»Ich doch nicht, Vati. Nein, die Lehrerin.«

Sagt die Lehrerin: »Ida, steigere mal hoch!«
»...höher, am höchsten!«
»Gut, Ilse, du bitte breit!«
»...breiter, am breitesten!«
»Auch gut, Sylvia, bitte tief!«
»...tiefer, oh, oh, ja, ja! Noch tiefer! So ist's schön!«

»Es könnte ja der Herr Direktor im Sarg liegen!«

oder

Der Direx ist auch nur ein Mensch – aber was für einer

Morgens weckt die Mutter ihren Sohn: »Junge, du mußt zur Schule!«
»Ich mag nicht. Erstens bin ich noch müde, und außerdem lachen immer die Kinder über mich.«
»Alles faule Ausreden, schließlich bist du der Direktor der Schule!«

*

Am Frühstückstisch sagt der Direktor zu seiner Frau: »Heute nacht hatte ich einen äußerst lustvollen Traum.«
Die Gattin ist verwundert und fragt: »Was hast du denn geträumt, Karl-Eduard?«
»Ich gab Cicero eine Fünf in Latein.«

*

»Nun, Fritz, weißt du, warum ich dich gestern einen kleinen Dummkopf genannt habe.«
»Weil ich nicht so groß bin wie Sie, Herr Direktor.«

*

Uschi geht mit ihrer Mutter in den Zoo. Als sie vor dem Affenkäfig stehen, sagt Uschi: »Der Affe dahinten sieht aus wie unser Direktor!«
»Uschi, so etwas darf man doch nicht sagen!«
»Wieso? Das hat der Affe bestimmt nicht gehört.«

*

Nach vielen Dienstjahren ist er endlich Direktor der Schule geworden.
Fragt ein Nachbar: »Was haben Sie geleistet, daß Sie so ausgezeichnet wurden?«
»Nichts – aber das sehr lange!«

Der Direktor fragt Hugo: »Warum hast du mich gestern auf der Straße nicht gegrüßt?«
»Aber da waren Sie doch nicht im Dienst, Herr Direktor.«

*

Unlängst sind an einem unbeschrankten Bahnübergang zwei Kühe überfahren worden. Auch Schulkinder müssen diesen Übergang zur Schule benutzen, und zur Vermeidung weiterer Unglücksfälle richtet der besorgte Direktor folgendes Schreiben an das Ministerium:
Kürzlich wurden zwei Kühe an dem unbeschrankten Bahnübergang überfahren. Die Tiere mußten notgeschlachtet werden, und die gleiche Gefahr besteht auch für unsere Schüler...

Es berichtete die kleine Elvira:

»Als ich neulich mit meinem Vater im Zoo war, habe ich dort unseren Direktor und noch viele andere exotische Rindviecher gesehen.«

»Sie geben also zu, Müller, daß Sie an die Tafel geschrieben haben: ›Unser Direktor ist ein Esel!‹?«
»Ja, Herr Direktor.«
»Es ist gut, Müller. Es freut mich sehr, daß Sie diesmal die Wahrheit gesagt haben.«

*

»Falls ihr eine Mütze aufhabt und ihr auf der Straße einem Leichenzug begegnet, müßt ihr die Mütze abnehmen. Warum?« fragt der Lehrer.
»Es könnte ja der Herr Direktor im Sarg liegen.«

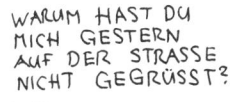

Der Direktor des Mädchenpensionats ist erbost und sagt zum neuen Lehrer: »Seit Sie hier sind, wurden bereits einige Mädchen schwanger.«
Rechtfertigt sich der Lehrer: »Aber Sie haben doch selbst zu mir gesagt, Herr Direktor, ich solle dafür sorgen, daß unser Pensionat bald wieder Zuwachs bekäme.«

Es sagte der Lehrer zum neuen Schüler:

»Von unserem Direktor wirst du begeistert sein und Tag und Nacht von ihm schwärmen. Das ist bei uns nämlich Vorschrift!«

»Warum erzählen Sie überall herum, die Lehrer seien die ärmsten Menschen der Welt?« fragt der Direktor einen Schüler.
»Stimmt doch, Herr Direktor. Die Lehrer sind so arm dran, daß sie sogar Kinder versetzen müssen.«

*

Anton ist aus dem Klassenzimmer geflogen. Da kommt der Direktor vorbei und fragt: »Warum stehst du vor der Tür?«
»Weil ich so schlecht schätzen kann.«
»Na«, sagt der Direktor, »dann schätz mal, wie alt ich bin.«
»Sie? Sie sind fünfzig Jahre alt.«
»Stimmt genau«, sagt der Direktor. »Woher weißt du das?«
»Ganz einfach, bei uns in der Straße wohnt ein Halbidiot. Und der ist fünfundzwanzig.«

Hans sitzt auf der Toilette und singt lauthals: »Es geht alles vorüber, es geht alles vorbei...«
Zufälligerweise kommt der Herr Direktor vorbei, hört den Gesang und brüllt: »Dann setzen Sie sich gefälligst gerade drauf, Sie Ferkel!«

*

Der Direktor betritt überraschend das Klassenzimmer und sieht den Klassenlehrer schlafend am Pult.
»Na, Herr Kissel, wie lange sind Sie denn nun schon bei uns?«
»Schon drei Tage, Herr Direktor.«
»Alle Achtung! Sie haben sich wirklich schnell eingearbeitet!«

Bei einer Eröffnung einer Lehrerversammlung sagte der Direktor:

»Ich habe diesen Raum schon voller gesehen, ich habe den Raum schon leerer gesehen, aber so voller Lehrer habe ich ihn noch nie gesehen.«

Kurz vor der Schule spricht der Direktor ein kleines Mädchen an: »Wie heißt du denn?«
»Anna.«
»Und wie alt bist du?«
»Ich bin sechs und gehe schon zur Schule. Und wie alt sind Sie?«
»Ich bin vierzig«, sagt der Direktor, »und ich gehe auch noch zur Schule.«
»So?« wundert sich Anna. »Da müssen Sie aber ganz schön dumm sein!«

»Ja, ja«, seufzt der Direktor, »Lehrer sind unbestechlich. Die meisten nehmen nicht einmal Vernunft an!«

*

Fritzchen sagt zum Lehrer: »Ich muß mal austreten.«
»Kannst du das denn schon allein?« fragt der Lehrer.
»Natürlich«, sagt Fritzchen und verläßt die Klasse. Nach einiger Zeit kommt er, von oben bis unten naß, zurück.
»Wie ist denn das passiert?« fragt der Lehrer. »Du sagtest doch...«
»Ja, ja«, unterbricht ihn Fritzchen, »bei mir ist alles gutgegangen, doch dann kam der Herr Direktor, und der hat mich übersehen.«

*

»Stellen Sie sich vor, Herr Direktor«, empört sich der neue Religionslehrer, »ich habe gestern in meiner Klasse nach den vier Evangelisten gefragt – und was hat man mir geantwortet? Peter und Paul!«
»Seien Sie froh«, tröstet ihn der Direktor, »daß die Schüler wenigstens zwei gewußt haben.«

*

»Weißt du, was ein 08/15-Direktor ist?« fragt Hans seinen Vater.
»Keine Ahnung!«
»Das ist so einer wie unser Direktor: Er hat null Ahnung, er sitzt seine acht Stunden ab und wird nach Besoldungsgruppe A 15 bezahlt.«

»Ein Glück, daß es Lehrer gibt, sonst wären wir immer die Dümmsten!«

oder

Lieber faulenzen als gar nichts tun

Klaus kommt von der Schule heim.
»Nun, Kläuschen, wie kommst du mit deinem neuen Lehrer zurecht?« fragt der Vater.
»Prima, Vati. Er ist sogar neidisch auf dich.«
»Neidisch, wieso?«
»Er hat heute mehrmals gesagt: ›Junge, Junge, dein Vater möchte ich sein!‹«

Unwidersprochen stellte Regine fest:

»Es gibt Lehrer, denen steht ein Bart so gut, weil man weniger von ihrem Gesichtsausdruck sieht, den sie sowieso nicht haben!«

Während der Klassenarbeit flucht Michael: »Das ist ja zum Kotzen!«
»Aber nicht in meine Richtung!« bittet der Lehrer.

*

Der Lehrer trennt die guten von den schlechten Arbeiten auf seinem Pult und sagt: »So, hier habe ich zwei Haufen gemacht...«
Die Klasse lacht schallend.
»Wenn das Lachen nicht sofort aufhört«, droht der Lehrer, »setze ich noch einen vor die Tür!«

*

»Warum sollen wir möglichst viele Fremdsprachen lernen?«
»Damit nicht noch mehr Lehrer arbeitslos werden.«

Fridolin kommt von der Schule nach Hause.
»Der Lehrer wollte heute wissen, ob ich noch Geschwister habe«, berichtet er seiner Mutter.
»Und hast du ihm gesagt, daß du ein Einzelkind bist?«
»Selbstverständlich.«
»Und was hat der Lehrer daraufhin gesagt?«
»Gott sei Dank!«

*

Im Klassenzimmer geraten zwei Hitzköpfe in heftigen Streit.
»Du bist der blödeste Hund der Welt!« brüllt der eine Schüler.
»Der blödeste Hund bist du!« brüllt der andere.
»Jetzt aber mal langsam«, mischt sich der Lehrer ein. »Ihr vergeßt wohl, daß ich auch noch da bin!«

Es beklagte sich die Lehrerin:

»Wenn alle so laut sprechen, kann ich mein eigenes Wort nicht mehr verstehen.«
Stimme aus der vorletzten Reihe: »Da versäumen Sie auch nicht viel!«

Peter kommt über eine Stunde zu spät zum Unterricht. Er hat den linken Arm in einer Schlinge und einen Verband um den Kopf.
»Warum kommst du erst jetzt?« fragt der Lehrer.
»Entschuldigen Sie, ich bin vom ersten Stock unseres Hauses in den Garten gefallen.«
»Na und«, sagt der Lehrer, »das kann doch nicht so lange gedauert haben!«

»Diese ewige Fragerei ist ja fürchterlich«, stöhnt der Lehrer. »Ich frage mich nur, was geschehen wäre, wenn ich als kleiner Junge auch immer soviel gefragt hätte.«
»Dann könnten Sie meine Fragen jetzt besser beantworten.«

*

»Wenn ich dein Vater wäre, würde ich dir jetzt eine Ohrfeige geben«, sagt der Lehrer.
»Daß ich nicht lache«, klärt ihn der Schüler auf: »Sie würden in der Küche stehen und das Geschirr abwaschen.«

*

»Wenn ich sage, ich bin schön gewesen«, erklärt die Lehrerin, »dann ist das Vergangenheit. Wenn ich aber sage, ich bin schön, was ist das dann?«
»Eine glatte Lüge!«

*

»Kannst du mich denn nicht grüßen, wenn du in das Klassenzimmer kommst?« ärgert sich der Lehrer.
»Würde ich gerne tun, aber ich weiß nicht, von wem.«

*

Während der Klassenarbeit stürzt der Lehrer auf Michael los: »Wenn du mogeln willst, mußt du dir einen Lehrer suchen, der dümmer ist als ich – und den wirst du so leicht nicht finden!«

*

»Müller, komm vor an die Tafel!« sagt der Lehrer.
»Der ist krank!« ruft die Klasse.
»Ruhe! Das soll mir der Müller gefälligst selbst sagen.«

»Weißt du, wie groß ein Kamel ist?« will der Lehrer von Peter wissen.
»Keine Ahnung.«
»Ich bin fast zwei Meter groß. Glaubst du, daß ein Kamel größer ist als ich?«
»Ich glaube nicht, Herr Lehrer, daß es größere Kamele als Sie gibt.«

Es sagte Peter zu seinem Schulfreund:

»Ein Glück, daß es Lehrer gibt – sonst wären wir immer die Dümmsten!«

Kurz vor dem Ferienbeginn erkundigt sich der Lehrer, wo seine Schüler die Ferien verbringen werden.
Peter weiß genau Bescheid: »Wir machen zuerst vierzehn Tage Urlaub im Schwarzwald und danach verbringen wir noch drei Wochen auf Ibiza.«
»Das ist ja toll!« meint der Lehrer. »Was ist denn dein Vater von Beruf?«
»Maurer.«
»Na, da lebt ihr ja wirklich nicht schlecht.«
»Stimmt, Herr Lehrer, und wenn Sie etwas Anständiges gelernt hätten, dann könnten Sie auch so leben.«

*

»Du mußt deinen Aufsatz noch einmal schreiben, und zwar bitte so, daß ihn auch ein Dummkopf verstehen kann«, befiehlt der Lehrer einem Schüler.
»Wird gemacht, aber sagen Sie mir doch genau, welche Passagen Sie nicht verstanden haben.«

»Heute hat unser Lehrer wieder unaufhörlich geredet und geredet«, berichtete Janine ihrer Mutter.
»Worüber denn?«
»Keine Ahnung. Das hat er nicht gesagt.«

*

Ein kleiner Junge wird von einem Geistlichen nach dem Weg zum Postamt gefragt. Der Junge gibt höflich Auskunft: »Da biegen Sie an der nächsten Kreuzung rechts ab, dann sehen Sie schon das Postamt.«
»Du hast mir sehr geholfen«, bedankt sich der Geistliche. »Ich bin dein neuer Religionslehrer, und ich werde dir demnächst im Unterricht den richtigen Weg in den Himmel weisen.«
Der Junge ist skeptisch: »Wenn Sie noch nicht einmal den Weg zum Postamt wissen, wie wollen Sie dann den Weg zum Himmel kennen?«

*

Eine Aushilfslehrerin übernimmt die Klasse und macht sich mit den Namen der Schüler vertraut. Bei einem der Namen hält sie inne und fragt den Schüler: »Heißt dein Vater mit Vornamen vielleicht Waldemar-Gottlieb?«
»Ja«, bestätigt der Schüler.
»Dann war auch dein Vater schon einmal mein Schüler. Grüße ihn doch bitte herzlichst von mir.«
Am nächsten Tag fragt die Lehrerin: »Nun, was hat dein Vater auf meine Grüße geantwortet?«
»Er hat nur gesagt: ›Was, die alte Kuh ist noch immer nicht in Pension?‹«

*

»Wodurch zeichnet sich ein weiser Mann aus?«
»Er stellt keine dummen Fragen, Herr Lehrer.«

Der Lehrer erklärt den Schülern Gegenwart, Zukunft und Vergangenheit und fragt: »Wenn ich sage: ›Ich bin krank‹, was ist das für eine Zeit?«
»Eine schöne Zeit, Herr Lehrer.«

*

Als die Lehrerin das Klassenzimmer betritt, entdeckt sie auf der Tafel den Satz: *Unsere Lehrerin ist Blöd!*
»Was ist falsch an diesem Satz?« fragt sie sofort.
Meldet sich Karl-Heinz: »Blöd muß klein geschrieben werden.«

*

Joachim hat seinen Klassenlehrer vor dem Ertrinken gerettet. Überschwenglich bedankt sich der Lehrer bei Joachim und erkundigt sich. »Kann ich dir vielleicht irgendeinen Herzenswunsch erfüllen?«
»Schon, verraten Sie bitte nicht, daß ich Sie aus dem See herausgezogen habe.«

*

Fridolin kommt eineinhalb Stunden zu spät in die Schule.
»An deiner Stelle wäre ich überhaupt nicht mehr gekommen«, weist ihn der Lehrer zurecht.
»Ich habe eben eine ganz andere Auffassung von Pflichtgefühl als Sie.«

*

Brüllt der Lehrer: »Du hältst mich wohl für einen vollkommenen Trottel?«
»Bestimmt nicht, denn niemand ist wirklich vollkommen.«

Fragt der Religionslehrer: »Wenn ihr meine Schäfchen seid, was bin dann ich?«
»Der Hirtenhund!«

Der Klassenprimus weiß es am besten:

»Lehrer sind die lautesten, wenn sie ›Ruhe‹ brüllen.«

»Nenne mir die Formel für Schwefeldioxid«, sagt der Chemielehrer.
»Sie fällt mir im Augenblick nicht ein, aber sie liegt mir auf der Zunge.«
»Dann spucke sie schnell aus, denn sie ist nämlich äußerst giftig.«

*

Der Lehrer fragt die Schülerinnen: »Was ist Ästhetik?«
Erst nach langem Schweigen meldet sich schließlich doch eine Schülerin: »Das ist die Lehre vom Schönen.«
»Ausgezeichnet«, lobt der Lehrer. »Und was ist dann ein Ästhet?«
»Ein schöner Lehrer.«

*

Manfred kommt wieder einmal zu spät.
»Welche Ausrede hast du denn heute?« fragt die Lehrerin.
»Keine.«
»Und das soll ich dir glauben?«

Der Vater war in der Schule gewesen und hat sich nach den Fortschritten seines Sohnes erkundigt, den er sich am Abend vornimmt: »Der Lehrer hat gesagt, daß es ihm in den letzten Monaten nicht gelungen ist, dir auch nur die einfachsten Grundbegriffe beizubringen.«
»Ich habe dir doch schon nach dem ersten Schultag gesagt, daß der Mann ein Versager ist.«

*

»Ich glaube«, sagt der Lehrer, »diese Frage macht dir große Schwierigkeiten.«
»Die Frage nicht – nur die Antwort.«

Stöhnte der Schüler:

»Immer quatschen sie von Lehrermangel, aber bei uns fehlt nie einer!«